简单管理学

简单化，是管理的至高境界

高恩强 著

民主与建设出版社
·北京·

© 民主与建设出版社，2019

图书在版编目（CIP）数据

简单管理学 / 高恩强著 . -- 北京：民主与建设出版社，2019.12

ISBN 978-7-5139-2692-8

Ⅰ.①简… Ⅱ.①高… Ⅲ.①管理学 Ⅳ.①C93

中国版本图书馆 CIP 数据核字（2019）第 275090 号

简单管理学
JIANDAN GUANLIXUE

出 版 人	李声笑
著　　者	高恩强
责任编辑	周佩芳
封面设计	回归线视觉传达
出版发行	民主与建设出版社有限责任公司
电　　话	（010）59417747　59419778
社　　址	北京市海淀区西三环中路10号望海楼E座7层
邮　　编	100142
印　　刷	三河市长城印刷有限公司
版　　次	2020年1月第1版
印　　次	2020年1月第1次印刷
开　　本	710mm×1000mm　1/16
印　　张	12
字　　数	180千字
书　　号	ISBN 978-7-5139-2692-8
定　　价	48.00元

注：如有印、装质量问题，请与出版社联系。

前言 *Preface*

简单化，是管理的至高境界！

说到企业管理，有些人总是把它搞得很复杂，不是 X 理论，就是 Y 理论，或者 Z 理论……其实，管理很简单！

在管理界有个众所周知的故事：

某报纸曾举办过一项有奖征答活动，设立了极高的奖金，题目是：三位关系着世界兴亡的科学家同时上了一个充气不足的热气球。热气球缓缓升起，一会儿就飘到了空中。突然，热气球破了一个非常大的洞，就要坠毁，此刻急需减轻载重，唯一的办法就是将一个人舍弃。那么，究竟该舍弃谁呢？

这三个人中，甲是环保专家，他的研究可以拯救无数人，可以使地球摆脱因环境污染而面临灭亡的厄运。

乙是核专家，他有能力防止全球性的核战争，使地球免于陷入灭亡的绝境。

丙是粮食专家，他能运用专业知识在不毛之地成功种植粮食作物，使几千万人脱离因饥荒而饿死的命运。

问题抛出后，人们陷入了思考。为了得到巨额奖金，人们纷纷将自己的答案寄出。大家各抒己见，不仅表达了该将谁抛出去，还详细阐述了这样做的理由。

最终，约定揭晓答案的日子到来了，出乎大家意料的是，巨额奖金竟被一个小男孩收入囊中。他的答案很简单：将最胖的科学家丢出去！

看，事物的本质其实很简单，只不过是人们将它复杂化了。管理同样如此。读书，需要把厚书读薄，然后再读厚。管理也是如此。按照旧有的管理模式，我们将简单的东西复杂化了；现在我们需要做的，就是还原简单，让管理回归本质。

不要一说到"管理"，就低头丧气；不要一想到"管理"，就恨不得撞墙。与其萎靡不振，让自己的身心不虞，倒不如抓住要害，化复杂为简单！

如今，企业越来越多，管理者面临的问题也越来越多。可是，只要挂上"管理"的头衔，就真的懂管理吗？当了管理者，就能将团队领导好吗？答案是否定的。千人千面，不同的管理者，会带领出不同面貌的团队。

为了将企业或团队管理好，有些管理者会接受相关培训，像学生一样听课、记笔记，似乎只有培训过了，才能将团队带好。为了迎合管理者的需求，培训与咨询市场也是百花齐放，可是，教授、导师、顾问的水平参差不齐，为了显示自己的水平，有些人还故意将管理这个简单的问题复杂化，以至于让对管理略懂皮毛的人变得更加糊涂了。

事实上，无论是十人、百人、千人的公司，还是万人的公司，虽然公司的规模不一样，但管理的精髓是一样的。只要确定目标，管好人才、授权、激励、执行力、绩效、文化、创新、危机……即使是数万人的大公司，也可以管理得异常轻松。

目录

Part 1
话说管理：把握规律，管理其实很简单

什么是管理，什么是管理的简单化 / 2

管理的过去、现在和未来 / 4

了解管理的本质，才能更懂管理 / 8

掌握管理的三大基本要素 / 13

管理就是将复杂的事情简单化 / 16

Part 2
目标管理：明确愿景和目标，也就有了前进的动力

确立一个伟大的愿景，并让员工相信 / 20

用使命感引导员工向同一个方向努力 / 23

管理简单化，从目标的确立开始 / 26

快速分解，行不通，再修改 / 29

再伟大的目标，都要慢慢实现 / 32

Part 3
人才管理：合理选人、用人，重视团队发展的主导力量

确立机制，让团队管理制度化 / 38

人无完人，不要对员工吹毛求疵 / 42

员工犯错，绝不能放过 / 49

员工考核要做到公平、公正 / 53

"因岗设人"还是"因人设岗" / 57

Part 4
授权管理：把握放权的艺术，给员工更多的自主权

因事授权，视能力来授权 / 62

权责对等，确保工作顺利开展 / 65

相互信任，不要轻易干预下属 / 68

授权后，不忘约束和监督 / 71

收大权放小权，挖出员工潜力 / 74

Part 5
激励管理：激发员工的工作热情，让团队成为一团火

将你的热忱融入到团队管理中 / 78

坚持任人唯贤，而不是任人唯亲 / 81

员工有了进步，就要作出称赞和表扬 / 84

给员工一些压力，让员工对工作更倾心 / 87

引入外部竞争，让员工自己行动起来 / 90

Part 6
执行力管理：提高人员执行力，才能增加团队成绩

强化员工的责任感，鼓励他们专注于本职工作 / 96
提高员工的归属感，让员工对团队认同 / 98
遇到困难，也要让员工坚持下去 / 103
提高判断力，执行不盲从 / 104
让员工立即行动，不延迟 / 108

Part 7
绩效管理：不断提升绩效，改善团队的工作效果

让标准先行，制订有效的绩效考核标准 / 114
先落实到纸上，再实施，制订有效的绩效考核方案 / 117
选择合适的绩效考核工具，就如有了趁手的兵器 / 120
通过绩效辅导沟通，找到问题的解决办法 / 123
将结果运用起来，重视绩效结果的合理应用 / 126

Part 8
文化管理：用文化来感染人，用文化去凝聚人

整合理念，建造和谐的文化体系 / 130
突出文化个性，打造学习型文化 / 134
坚持"以人为本"的文化管理理念 / 137
开发多元文化，构建和谐的文化氛围 / 140
从基本理念出发，打造"家"文化 / 144

Part 9
创新管理：培养创新思维，提高团队创新意识

提高创新意识，不要固步自封 / 150

鼓励员工多角度思考问题，少些偏见 / 153

减少过度监控行为，让员工自由发挥 / 155

将"试错"融入团队制度 / 158

提高员工的学习意识 / 161

Part 10
危机管理：正确应对危机，保障团队顺利运作

用良好的态度与对方沟通，不要将事态扩大 / 166

在第一时间、第一地点与对方达成谅解 / 168

满足媒体的要求，召开记者招待会 / 171

统一口径，正确处理公关危机 / 174

塑造信誉，将危机化作机遇 / 178

后记 / 180

Part 1　话说管理：
把握规律，管理其实很简单

什么是管理，什么是管理的简单化

古语有言："大道至简。"对于企业来说，外部环境复杂多变，内部组织形式纷繁复杂，管理者只有透过现象把握事物的本质，采取简单有效的手段去解决问题，努力营造简单化的管理机制，企业才能获得持续发展。

管理，其实很简单！当然，在掌握简单管理学的基础知识之前，首先要知道究竟什么是管理，什么又是管理的简单化。

一、什么是管理

管理活动开始于人类的共同劳动，至今已经有上万年的历史。而对于"什么是管理"这个问题，依然是仁者见仁，没有统一的表述。

"科学管理之父"弗雷德里克·温斯洛·泰勒在《科学管理原理》一书中指出："管理就是确切地知道你要别人干什么，并让他用最好的方法去干。"简单来说，管理就是指挥他人用最好的办法去工作。

诺贝尔奖获得者赫伯特·西蒙在《管理决策新科学》一书中指出："管理就是制定决策。"一句话，管理就是制订决策机制。

彼得·德鲁克在《管理：任务、责任和实践》一书中指出："管理是一种工作，有自己的技巧、工具和方法；管理是一种器官，是赋予组织以生命的、能动的、动态的器官；管理是一门科学，一种系统化的并到处适用的知识；管理是一种文化。"即，管理是工作，是器官，是文化。

亨利·法约尔在《工业管理与一般管理》中认为："管理是人类组织

都有的一种活动，该活动由五项要素组成：计划、组织、指挥、协调和控制。"这种认识受到了后人的推崇与肯定，形成了管理过程学派。

斯蒂芬·P·罗宾斯给出的定义是："管理是同别人一起或通过别人，使活动完成得更有效的过程。"

……

在现代管理学中，对于"管理"的定义，可以这样表述：管理是对企业生产活动进行计划、组织、指挥、协调和控制等活动的总称，是社会化大生产的客观要求；其目的就是尽可能地利用人力、物力、财力、信息等资源，实现经营目标，获得最大收益。

管理的对象主要包括：人力资源、项目、资金、技术、市场、信息、设备与工艺、作业与流程、文化制度等。

管理职能或业务功能主要有：计划管理、生产管理、采购管理、销售管理、质量管理、仓库管理、财务管理等。

管理层次主要有：经营层面、业务层面、决策层面、执行层面、员工层面等。

简单来说，企业管理的本质就是两个词：生存，变好。也就是说，让企业经营活动中涉及的各方面都更好地生存下来，并获得更多的收益。

二、何为管理简单化

管理一共包括五大要素：管理主体，即行使管理的组织或个人；管理客体，即管理的所有对象，包括人群、物质、资金、科技和信息等；管理目标，即管理主体预期达到的境界，是管理活动的出发点和归宿点；管理方法，即管理主体对管理目标发生作用的途径和方式；管理理论，即管理的规范和理论……管理的复杂性由此可见一斑。但众多优秀企业却用事实告诉我们：好公司的管理都简单，好的管理就是把管理简单化！在这一方面，宝洁公司的管理方式就非常值得我们借鉴。

宝洁公司人员精简、结构简单，行政管理风格同样如此。这一特点，集中体现在公司倡导的"一页备忘录"里。其前任总经理查德·德普雷工作作风精简高效，他从来不会接受超过一页的备忘录，如果下属的备忘录比较长，他就会标注上：把它精简成我想要的东西。

那么，如果报告只有一页，要如何将其处理得一目了然呢？宝洁有着巨大的数据库，在认真分析事实的基础上，公司会花费足够的时间和精力将报告缩减，以减少阅读报告所需的时间。报告只有一页，要想集中要点，就要将报告做得简洁清楚。

可见，宝洁之所以能成为行业学习的典范，与其管理简单化有着密切关系。

管理虽然包括很多内容，但并不是越复杂越好，不是人员越多、手续越繁琐越好。管理的最高境界就是"简单化"，就是将复杂的问题简单化，将混乱的事情规范化。

管理不用太复杂，但要保证公司上下对简单化处事作风的认同和理解：

对于工程师来说，简单化就是让自己的设计简洁化。

对于生产制造来说，简单化就是用简单的制度来评价生产流程。

对于市场人员来说，简单化就是用准确的市场情报为客户提供简明扼要的建议。

管理的过去、现在和未来

一、管理的出现和发展

要想了解企业管理，首先就要了解管理的发展历史。对管理的发展了解程度越深，探索程度越深，就越有助于提高管理行为方向的正确性。管理理论的发展，迄今为止共经历了一百年的时间，俗称"管理百年"。前辈们已经做了许多非常有意义的研究和总结工作，越了解他们，对管理实践就越有指导意义。

管理的发展历史，大致可以分为四个阶段：理论的孕育、科学管理、一般行政管理理论、定量方法（管理科学）。下面简单介绍：

序列	阶段	说明
第一阶段	理论的孕育	通常，只要有两个及两个以上的人共同参与的活动，就会存在一定的管理行为。也就是说，管理的理论，来源于实践。1776年，英国哲人亚当·斯密发表了《国富论》，首先提出"劳动分工"的概念，在人类历史上最早对管理理论进行了文字上的论述。18世纪的英国，瓦特发明蒸汽机，引发了工业大革命，管理理论的提出成为必然要求。亚当·斯密的《国富论》，瓦特的蒸汽机，成了管理理论诞生的"助产士"
第二阶段	科学管理	通过长期的实践、研究和实验，1911年，"科学管理之父"弗雷德里克·温斯洛·泰勒编写了《科学管理原理》一书，标志着系统管理理论的诞生。其核心过程是：发现问题、做实验、制定标准、培训、普及，大大提升了生产效率；科学管理研究的重点是某个具体的行为和结果；核心目标是如何提高效率
第三阶段	一般行政管理理论	1916年，"现代经营管理理论之父"法国工业家亨利·法约尔有《工业管理与一般管理》一书，主要揭示了各行业管理行为的共性，首次对管理职能进行了划分，推动了管理工作的普遍开展
第四阶段	定量方法	20世纪40年代中期，这种管理方法出现。其通过建立数学模型，运用数理统计、定量分析等方式，进行管理工作，促进了质量管理的改进

二、企业管理的演变

20世纪早期，人际关系理论的创始人乔治·艾尔顿·梅奥对霍桑实验进行了总结，著有《工业文明的人类问题》并于 1933 年出版，开启了管理者对人的研究历程，并一直延续到今天。关于管理理论，各家学说都存在"管理理论丛林"问题。但只要对管理的百年发展历史认识清楚，就能取其精华，去其糟粕，为我所用。

企业管理的演变是企业在发展过程中的管理方法和手段演变的必经过程，由 3 个阶段构成：经验管理、科学管理和文化管理。

阶段 1. 经验管理

在该阶段，企业发展规模都比较小，员工在管理者的监控下工作，只要靠人才就能实现管理。这一时期，对员工的管理前提是"经济人假设"，认为人性本恶，天生懒惰，不喜欢承担责任，做事被动……抱有这种思想的管理者，激励员工的时候一般都以外部激励为主，激励方式多半都是"胡萝卜＋大棒"，对员工的控制也是外部控制，主要控制行为。

阶段 2. 科学管理

这时候，企业发展得较好，规模比较大，如果还靠人治，管理者鞭长莫及，只能将人治变为法治，但是对人性的认识还是以"经济人假设"为前提，依靠规章制度来管理企业。对员工的激励依然是外部的，会对员工进行惩罚与奖励。员工为了得到奖赏，就会努力工作；为了减少惩罚，就会主动工作。员工严格按照企业的规章制度去行事，受管理者的指挥，管理的主要内容就是管理员工的行为。

阶段 3. 文化管理

这一时期，企业边界模糊，管理的前提是"社会人假设"，认为人性本善，人是有感情的，喜欢接受挑战，愿意发挥主观能动性，心态积极向上……这时，企业要建立相应的"以人为本"的文化，通过人本管理来实现企业的目的。

文化管理阶段，也存在经验管理和科学管理，因为科学管理是文化管理实现的基础，经验也非常必要。如果说文化相当于软件，那么制度就是硬件，二者互补。只不过到了知识经济时期，人们更加重视个人价值的实现，对人性的尊重也就显得尤为重要，因此，企业管理要"以人为本"。

三、企业管理的未来

最近几年互联网迅猛发展，势如破竹，在互联网巨头的崛起和引领下，互联网时代应运而生。

互联网时代的到来给我们的生活带来了巨大的变化，最直接的就是让我们变得更加依赖网络。借助互联网，即使是几个月甚至几年足不出户，人们也能开展生活、交友和工作等活动。而随着移动网络的快速发展，互联网对我们的影响越来越深刻，很难想象未来互联网能发展成什么样子，到底能给我们的生活带来怎样的影响和变革。

对企业来说，管理也发生了质的变化。互联网的发展，让过去的人力劳动逐渐转变成机器操作，极大地提高了生产效率。企业生产线上的劳动者越来越少，营销以及研发的投入则越来越多，越来越多的体力劳动者向脑力劳动者转型，如此必然会影响企业组织架构和人员分工，以及管理方式。

企业管理的目的是提高效益，让企业运作更加高效。随着脑力劳动者的逐渐增加，以知识服务代替人力劳动的职场现象越来越多。体力劳动者的管理方式不同于脑力劳动者，只有管理好脑力劳动者，才能让他们更高效地创造效益。体力劳动者一般生产物品，他们的劳动成果是可以衡量的，其质量和数量都是可监控的，在生产过程中，有很多量化指标，能够对标准化的过程数据进行监控和管理；而脑力劳动者输出的是知识、经验和方法，不能用量化指标去衡量，那该用什么方法来做脑力劳动者的企业管理呢？

如今，多数企业推崇的依然是狼性文化。该管理体系不支持脑力劳动者要求的自由和宽容，采用的依然是行政权力系统，鼓励员工把事情做正确。当然，想要让员工主动去做正确的事情，依然是一个美好的愿望，在实际工作中，是很难实现的。

当然，最大的问题还是如何激发员工的主动性。想让员工去做正确的事情，首先就要让员工主动做事。事实证明，适当的激励能够提高员工的积极性，让员工更加有成就感，提高员工工作的主动性。

如今，很多管理学者都在倡导人性化管理，鼓励企业采用"以人为本"的制度。因为从理论上来说，只有这样的企业制度，才能从根本上激发员工的工作热情，激发他们的主动性和创造性，让他们不断积累经验、贡献知识，帮助企业从资本主义制度向人本主义制度转型，顺应互联网时代的发展趋势。

目前，年轻员工都是受互联网影响颇深的一群人，他们伴随着互联网的发展一路成长，身上被打下了明显的互联网时代印记，管理方式如果依然停留在权力和权威阶段，也就行不通了。

未来，互联网时代定然是知识经济的时代，是脑力劳动者的时代。而员工的转型，或者员工结构的变化，造成的最直接的影响就是企业制度的转变和创新。随着互联网的不断发展，这种碰撞和矛盾定然会愈演愈烈，企业管理也一定会颠覆传统的企业管理认知。

了解管理的本质，才能更懂管理

经营和管理是企业运作的"两条腿"，经营是为了实现效益最大化，管理则是为了实现工作效率的最大化。

对于管理的本质，不同的企业管理者有不同的看法。有人说，企业管理就是管事，对事不对人，不仅要管理人才，还要尊重人才。有人说，凡事都有两面性，企业管理是既管人又管事。

那么，企业管理的本质究竟是什么呢？下面我们就来简单分析一下如今管理界流行的观点。

一、企业管理就是管理问题

对企业来说，不论使用何种运作模式，管理都是运作基础。企业只有进行科学管理，才能将各生产要素整合到一起，实现资源的合理配置，进而实现生产资源及生产技术的有效利用，让企业的运作更加系统化和高效化，使企业的生产能力得到充分发挥。

可是，在企业管理中，问题和矛盾一直存在。在每个特定时期，都会出现特定的问题和矛盾，即使现阶段将问题及矛盾全部解决掉，下一阶段还会产生新的问题和矛盾。企业就是在这样的过程中不断进步的，就是在不断发现问题、解决问题的过程中持续发展的，可见企业管理的本质就是管理问题。

二、管理问题首要是发现问题

管理问题的前提是发现问题的存在，找到问题的症结，预测到可能发生的问题和矛盾。企业发展的过程中必然存在问题和矛盾，为什么没人发现？为何无人指出这些情况？原因之一就是缺乏责任心，最重要的原因还是缺少发现及改善问题的能力。有些显而易见的问题，只要稍微用心，就能察觉到；发现了存在的隐患，还要能预测到将来可能发生的情况，采取相应措施，将隐患消灭在萌芽状态。

如果企业管理者缺少预判能力、预判不准确，或预判准确却没有采取相应措施，没有将问题在最短的时间里解决掉，那就只会让问题越积越多。一旦问题累积到一定程度，就会爆发，那么企业很可能出现大问题，甚至失去行业竞争力。

　　企业是一个整体，很多管理工作都是交叉进行的，一个人的能力即使再强，也不可能把全部工作都做好。因此，管理者要善于调动员工的积极性、主动性和创造性，引导员工降低成本、增加企业效益。而要想建立有效的管理机制，管理者既要转变思维，又要引导员工转变思维，关注细节，提高企业内部的整体执行力，让员工有意识地形成良好的管理理念、管理科学和管理习惯，主动参与并解决管理中出现的问题。一旦员工有了归属感及责任感，就会改变那种"事不关己，高高挂起"的处事态度，只有这样才能把问题当作自己的事情解决，降低对管理者的依赖程度。

　　在企业管理中，只有员工主动参与，及时提出和解决生产经营中出现的问题，问题管理才能落到实处，企业发展才有希望。

三、管理本质只有两个词：生存，变好

　　企业管理的本质就是，让企业经营活动中涉及的各方都能更好地生存，并获得更多更大的利益。

　　举个例子：

　　饭店经营涉及的各方关系，主要包括：老板、原材料供应商、员工、消费者和市场管理者。

　　（1）老板。饭店的经营管理如果能够规范、优质、高效，经营状况良好，营业额就会大增，经营利润也会大增，如此，老板就能从中获得更大的效益。

　　（2）材料供应商。饭店经营管理好，客流量就会逐步增大，原材料供应商需要有更多的食材稳定地销售给饭店。由此，只要饭店管理到位，原材料供应商也能保证并不断提高货物的供应量，收益自然也就多了。

　　（3）员工。饭店经营管理好，员工的工作强度会增加，老板为了保证

饭店的日常运营，也会提高薪资，将饭店的收益分享一部分给员工，保证饭店能够按照既有模式有效地运行下去，饭店的经营状况也会更稳定。所以，员工因为饭店经营得好，薪资水平得到提升，就不用反复跳槽。

（4）消费者。如果饭店经营好，菜品可口，价格实惠，消费者就能享受到更加物美价廉的服务。对于消费者来说，花同样的钱，能够享受到更好吃的菜品、更优质的服务，相当于提升了自己的消费体验感，同时也很好地满足了自己的消费需求。

（5）市场管理者。饭店经营管理好，就能为当地的居民提供不错的生活服务，不会出现食品安全问题。同时，饭店经营好，纳税就多，市场管理者也能增加收益。

一个小小的饭店，就是企业的缩影。上面的例子，很好地说明了企业管理的本质。管理的本质就是让企业经营的各方继续生存并变得更好。简而言之，就是让企业本身（老板）、员工、企业产业链上下游（供应商、消费者）、以及政府各方都能从中获益。

优秀企业一般都懂管理、善经营，都能深刻理解管理的本质，并通过持续不断的规范化管理和价值导向，实现企业、员工、社会的共同受益。这就是管理的本质！

四、企业就是对"人"的管理

随着商业模式的不断变革，企业与员工之间不再是单纯的雇佣关系，更多的是一种合作关系，彼此尊重，按劳分配，资源整合，自由和责任并存；二者因共同的理念、价值观和目标凝聚在一起，为共同的事业而奋斗。

企业管理的本质也是对人的管理。无论是设计、生产，还是营销，都是由人来操控的，如果员工的能力不足，或工作态度不认真，即使管理机制健全，企业也无法达到理想的发展状态。

企业和员工之间是双向选择的关系，前者为后者提供发展平台，后者为前者创造价值。企业可以将学历、经验、能力等因素作为衡量标准来选择员工，员工也可以根据待遇、环境、发展等标准来选择企业。调查显示，多数人在找工作时都非常重视自我价值的实现，不仅希望工作能保障自己的物质生活，同时希望被认可、被尊重，在工作中找到归属感。这也是近些年"以人为本"的理念在企业管理中盛行的原因。

对员工进行人文关怀，让他们觉得自己是被关心的，他们自然就愿意努力工作，为公司的发展作贡献。人文关怀能够促进企业管理机制的完善，能够提高企业的凝聚力和软实力，继而保证各项工作的顺利开展，提高企业的硬实力，二者之间是互补的关系。完善的管理机制，再加上适当的人文关怀，就能提高企业的综合实力，促进公司的长远发展。

企业要提高对人文关怀工作的重视，加强团队建设，不断提高企业整体实力，适应各行业的新形势。首先，要建立合理的奖励机制，对为公司发展作出突出贡献的员工进行物质奖励，肯定其努力成果；其次，要关怀员工的生活，帮助他们解决生活上的问题，对他们进行精神上的鼓励，形成积极向上的工作心态；再次，领导要和员工沟通，了解他们的想法，鼓励员工为公司的管理模式及未来发展提建议；最后，不定期对员工进行培训，为员工提供更多的学习机会，帮助员工提高自身能力，使员工得到成长与提升。员工自身素养提升了，工作效率自然会有所提升，双方就会实现共赢。

掌握管理的三大基本要素

企业管理确实很简单，因为只要掌握了管理的三大基本要素，也就掌握了管理的全部。

一、企业高效运作的三要素

企业管理一共有三大要素，即管理者、企业战略和员工管理。只有满足了这三大要素，企业才能高效运转；只要具备了这三大要素，企业就能顺利运作。

1. 管理者

管理者是企业的"一把手"，决定着企业的生死大权。优秀的管理者，可以让企业发展得越来越好；失败的管理者，只能让企业平庸懈怠。格局开阔的管理者，员工就会尊敬服从；格局狭窄的管理者，往往留不住人心。

举个例子，离职时，有些管理者总会用这样那样的问题刁难员工，为了在最短的时间里解决问题，有些员工就会主动放弃奖金，直接离职；为了不让离职员工带走客户，有些管理者甚至会公开诋毁要离职的人员……如此，企业如何才能长远发展？

管理者对离职人员的刁难，在职人员都会看在眼里，他们会推己及人，会将这种刁难在自己身上再现。一旦觉得管理者无情，员工的工作热情就会减少很多，继而影响到工作效率。因此，要想让企业高效运转，就要提高管理者的格局。

2. 企业战略

对于企业或团队来说，只有先制订好战略，才能决定怎么干，继而带领众人齐心协力，将工作完成。著名典故"草船借箭"就很好地说明了战略对于胜利的重要性。该典故的大意是：

周瑜让诸葛亮用三天的时间造十万支箭，按照普通的造箭程序，这个任务根本就完不成。为了在规定的时间里完成任务，诸葛亮将"天、地、人"巧妙结合起来，制订了一个不错的战略计划。

这天清晨，大雾弥漫，天还没亮，诸葛亮就命令将士们在20只船上布置好稻草人，并将船偷偷靠近曹军的水寨。船上的士兵一边擂鼓，一边呐喊，鼓声震天，叫喊声不绝于耳。因为雾气太大，能见度太低，曹军看不清对面的形势，不敢轻易上前，知道了船只的大致方向，便命令弓箭手朝船的方向射箭。

曹军原以为能够射杀很多敌人，却在不知不觉中中了诸葛亮的计谋。诸葛亮不费吹灰之力，以最少的代价，得到了十万只箭。

可见，企业要想高效运转，战略的制订发挥着重要作用。企业只有制订可行的战略，带着大家齐心协力地去完成，前途才能一片光明。

3. 员工管理

企业能否高效运转和发展，关键之一就是能否做好员工管理，带领他们勇往直前。《曹刿论战》是《左转》中的名篇，主要讲述了这样一个故事：

鲁庄公十年春天，齐国攻打鲁国，曹刿跟随鲁庄公一起外出应战。正式开战之前，庄公打算击鼓进军，曹刿阻止了他。等到齐国军队敲了三次鼓后，曹刿让他们进攻。打败齐国队阵后，庄公准备驱车追赶，曹刿又上前阻止。他认真查看了齐军逃跑时车轮留下的痕迹，才让他们追击。最后，鲁国大胜。

庄公问曹刿为什么要两次阻止他，曹刿回答说："作战依靠的是勇气。

第一次击鼓能够振作士气，第二次击鼓将士的士气就开始低落，第三次击鼓士气就耗尽了……这时候，我军将士的勇气正处于最高点，是最好的时机。用最大的勇气去攻击最弱的士气，必胜！追击逃跑的队伍，最担心的就是埋伏，可是他们车轮的痕迹混乱不堪，旗帜倒下，说明他们跑得慌张，慌乱之中，怎么会安排埋伏？因此，我才让你们去追击！"

团队管理，不是管管就了事。管理者需要具备独到的眼光和聪明的头脑，需要将团队的作用最大化，知道什么时候进攻、什么时候追击、什么时候行动。一句话，明智的管理者都能抓住机会，让员工抓住时机，用最少的努力得到最大的结果和成绩。

二、企业制胜的核心要素

要想构建企业的核心竞争力，就离不开这3个核心要素：目标、绩效及过程。

要素	说明
目标	无论是年终目标，还是战略目标，一般都由董事长或老板一个人拍脑门做决定。特别是年度任务或目标，往往会在员工不知情的情况下，由高层下达给员工。员工不知道能不能达到，甚至根本不相信自己能实现这些目标，致使目标变成了空话。所以，做好目标管理的前提是：与员工达成一致，设定员工能达到的目标
绩效	绩效考核的目的不是为了对员工进行奖励或惩罚，而是要激励员工，获得员工更多的贡献值。考核不是对员工的约束和激励，而是为了看到员工的优点，让他们将自己的优势发挥出来，规避缺点。管理就是要通过绩效考核，合理设计路径，让标准化的操作过程变得更加有效
过程	管理者的作用之一就是对员工进行管控，达到想要实现的目标，并对目标进行考核，对责任、权利、义务和利益进行合理分配。站在高位，掌握着众多资源和权力，却距离消费者最远，只能导致管理的失败。要想进行过程管理，最终获得想要的结果，就要更好地贴近消费者，更好地对工作进行分配，更好地对资源进行配置

管理就是将复杂的事情简单化

管理公司的过程好比练功夫的过程,正常情况应该是越练越舒服;如果越练越难受,那麻烦就大了。道理很简单,错误越多越痛苦,越痛苦就越容易犯错误。如果不能从这个负循环里摆脱出来,你就无法获得自由和解脱。所有的失败都是错误和痛苦不断累积的结果。在这个状态中,如果将管理看得太复杂,公司运作也会变得很复杂,那么只能是浪费大量的时间、精力和心力,结果却毫无价值。因此,优秀的公司都崇尚简单,优秀的管理者都会将复杂的问题简单化!

一、管理的境界就是简单化

韦尔奇的最高管理原则就是"把事情简单化"。他说:"管理就是把复杂的问题简单化,混乱的事情规范化。"管理,需要尽可能简单化。

韦尔奇对简单化的追求,可以追溯到他刚进入通用电气的时候。刚进入公司时,他在一个小型塑胶实验室工作。该团队很小,但很灵活,简单化的工作宗旨,没有一点官僚主义味道。

少了官僚主义的羁绊,韦尔奇和同事将注意力都集中在了提高竞争力、扩大业务、创造新产品上。这段工作历程让他感受到了简单明了的巨大作用。在之后的工作中,他都将这种简单化灌输到通用电气中。

韦尔奇认为,简单化的核心就是要保证公司全体职员对简单化价值的认同和理解:"对于工程师来说,简单化就是零件种类不多、功能齐全的简洁设计;对于生产制造来说,简单化就是以操作人员能够理解的方式来评价生产流程；然而在开拓市场的工作中，简单化则意味着准确的市场情报、给客户提供简明扼要的建议，在于人与人之间的坦诚相待。"

1981年4月，45岁的韦尔奇成为通用电气公司历史上最年轻的董事长和首席执行官。在韦尔奇加入通用电气的第一年，公司便获得约268亿美元的收入；2000年，获得约1300亿美元。如今，通用电气已经成为世界上最有价值的公司之一。

随着全球经济一体化的发展，企业面对的机遇越来越多，竞争也越来越激烈。有数据显示，中国企业的平均寿命只有五年，品牌的生命力平均还不到两年，面对21世纪的新经济，中国企业将面临更严峻的考验。

企业管理者该何去何从？企业要想获得长远发展，管理是关键，而"简单化管理"则是全球顶级CEO的成功之道。

"大道至简"，意味着少而精，博采众长，融会贯通。不仅要整合创新，跳出原有的框架，去粗取精；还要抓住要害，剔除无效的、可有可无的、非本质的东西，融合成少而精的东西。

简约管理不仅是一种管理方法，更是一种思维方式。这种思维方式，不仅带来了思维的革命，更是管理的革命，让我们从繁琐的工作中解脱出来。

二、"大道至简"是企业管理的真谛

常言说得好：意识决定行动，思路决定出路！在企业"提质增效"深入推进的过程中，管理也需要提高质量，也需要增效。可是，要想实现管理的"提质增效"并不容易，管理者需要具备将复杂问题简单化的能力，需要掌握化繁为简、以简驭繁的思想和技巧，更需要抓住主要矛盾，集中资源，提高效率。

几年前，某企业全面推行6S管理模式，管理者忙碌了一阵，直到现在，办公室的桌子、柜子、墙面、地面上还留有痕迹，由彩色胶带粘贴的框框里依然保留着某个东西的位置或方向。活动搞了一段时间，大家都感到有些疲惫。偶尔坐下来环顾四周，发现密集的箭头、框框和线条似乎比以前更加缭乱，有人甚至还对 6S 的作用提出了质疑。这时候，一位管理者在会议上说："我们不要把事情弄得太复杂，既然 6S 难，那我们就先搞 1S。1S 搞好了，再搞 2S；2S 搞好了，再搞 3S……以此类推。比如，办公室的文件柜都凌乱，就先把各人的文件柜收拾整齐。等文件柜收拾好了，再收拾抽屉。由简入难，积小成大，最后自然就做到 6S 了。"

这就是大道至简的真谛！

最有价值的道理，就是最朴素的！企业管理，本无定法，合适便好。目前，管理门类纷然复杂，种类各异，有日式、美式、欧式、中式……为了企业的发展，管理者都倾向于借鉴先进的管理方式。可是，移植过来的管理，很容易水土不服；将管理进行拼凑嫁接，更会显得不伦不类。繁琐抽象的管理，最终只能沦为低效管理。

不管花儿开得多娇艳，总有一天会褪色。素净简练，才会恒久耐看。管理也一样！只有除去花哨繁芜，才能彰显本色。便于操作，容易兑现，简单易行，才是好的管理！

Part 2　目标管理：
明确愿景和目标，也就有了前进的动力

确立一个伟大的愿景，并让员工相信

愿景，回答了"组织的未来是什么"，告诉团队所有人：我们要到哪里去。

人的追求，最高级别是精神追求，心灵的满足才是最大的满足，而不是物质与身体上的满足。如今多数人都不会将"天天有肉吃、年年有新衣"当作一生的追求。当然，当一个人连基本的生理需求都满足不了的时候，也就很难实现心灵的满足了。愿景是团队成员的精神追求，只有明确共同目标，才能让团队越走越远。

愿景是团队发展的长远目标，每个伟大的企业或团队都有一个看似遥不可及的愿景。例如：

阿里巴巴的愿景是：让所有商人都用阿里巴巴；

联想的愿景是：未来的联想应该是高科技的联想、服务的联想、国际化的联想；

麦当劳的愿景是：控制全球食品服务业；

索尼公司的愿景是：为包括股东、顾客、员工乃至商业伙伴在内的所有人提供实现美好梦想的机会；

通用的愿景是：使世界更光明；

微软的愿景是：计算机进入家庭，放在每一张桌子上，使用微软的软件；

福特的愿景是：汽车要进入家庭；

迪士尼的愿景是：成为全球的超级娱乐公司；

苹果电脑的愿景是：让每人拥有一台计算机。

……

这些愿景看起来似乎很难实现，却能给员工带来强烈的使命感，让他们充满奋斗的信念。企业没有愿景，就犹如人在一条没有终点的跑道上赛跑，不知道自己到底要追求什么。

一、所谓愿景

如果你仔细观察，就会发现，多数树木的枝叶都朝着太阳的方向生长，因为只有向着阳光的叶子，才会欣欣向荣。树木如此，公司的运营更是如此，只有将员工的力量凝聚起来，朝着最佳方向努力，才能取得辉煌的成就。而所谓的最佳方向，就是共同愿景。

愿景，从字面上理解，包含了两层意思：一是愿望，是有待实现的意愿；二是远景，指具体生动的景象，是想要实现的未来蓝图。通俗点说，愿景就是一种希望和宣言。每个人都有自己的愿景，它是我们内心深处渴望实现的美好愿望和远大目标，是发自内心的追求及其终极目标，是激励我们前进的不竭动力。

愿景是管理者对团队前景和发展方向的高度概括，由团队核心理念和对未来的展望构成。通常，多数团队愿景都具有前瞻性的计划或开创性的目标，是团队发展的指引方针。

在西方的管理著作中，多数优秀企业都具有一个特点，就是强调愿景的重要性。因为只有借助愿景，才能有效地培育与鼓舞团队内部人员，才能激发个人潜能，才能激励员工竭尽所能，才能增加团队的生产力，才能实现团队目标。

在《第五项修炼》一书中，对于愿景是这样描述的："愿景是你想要创造的，用现在时描绘的未来图像，就好像发生在眼前一样。愿景能够指出我们要去哪里，以及到达目的地后会是什么样子……愿景中描绘的未来图像越翔实、越丰富，发挥的作用也就越大。"个人愿景如此，团队愿景同样如此。

在团队的目标管理中，"共创愿景"是一个重要环节，能够基于团队对话与讨论的思路，帮助成员对愿景进行讨论、达成共识，提高参与者对共识的认同度，继而做出行动承诺。

二、愿景的实现

实现个人愿景与团队愿景的和谐、统一，是团队持续健康发展的内在需要，也是员工长远利益和根本利益的有效保证。"团队即人"，人是团队发展的根本。共同愿景的实现过程其实也是个人愿景的实现过程，在具体工作中，应做到以下四点：

1. 万众一心，同舟共济

要想实现公司愿景，首先要为员工搭设实现个人愿景的平台。因为只有大家都具有不断自我超越的欲望，才会产生万众一心的力量，实现公司和个人的"双赢"。那么如何做到这一点呢？一是搭建好员工自学平台，拓宽员工的学习渠道，提高员工的文化水平和业务技能，提高团队整体素质；二是搭建员工展示风采的平台，充分利用公司网站，展示员工的多彩生活，提高员工的知名度和美誉度；三是搭建员工岗位成才平台，结合岗位特点，开展岗位技能培训、工作经验交流及先进人才的评选等活动，逐步建立优秀人员档案库，激励员工不断超越自我。

2. 以人为本，上行下效

一是建立一支优秀的领导班子。班子要团结务实，有正确的决策力、超前的思维方式，树立终身学习、积极向上的心态，对员工坦诚相待，形成领导合力。二是满足员工需要，提升薪酬，改善工作环境和提供各种福利，满足员工的生存需要；开展各种文体及娱乐活动，满足员工的社交需要；建立各种规章制度，满足员工的尊重需要；让员工参与本部门乃至公司的发展规划，满足员工的自我实现需要。三是建立公平、公正的竞争和激励机制，激发员工实现个人愿景，增强实现愿景的信心。

3. 目标一致，同舟共济

愿景是团队发展的共同目标，是团队的灵魂，需要全体员工齐心协力、同舟共济。那么，如何做好愿景的宣传教育？一是将团队愿景理解透、掌握好，在日常工作中通过会议、谈话、员工培训等方式，让员工将愿景熟记在心、外化于形。二是各部门要结合公司愿景，确定中长期目标，用愿景来规范日常管理，引领和激励员工。三是通过宣传、感召、沟通、实践等方式，由浅入深，引导大家同舟共济、共同努力，使团队愿景成为员工的奋斗目标。四是增强员工对团队的归属感和认同感，让员工心情舒畅、干劲冲天。

4. 增强素质，超越自我

在帮助员工实现个人愿景的同时，要引导员工积极做好以下三点：一是提高自身素质，如提高专业技能水平，拓展知识和拓宽视野，增强处理问题的能力，促进自身综合素质的提高。二是养成良好的习惯，如规范的工作习惯、条理的工作习惯、精细的工作习惯。三是实现自我突破，如勇挑重担、积极进取、不断改正，实现自我突破。

用使命感引导员工向同一个方向努力

使命感是决定团队行为取向和行为能力的关键因素，是一切行为的出发点。具有强烈使命感的员工，不会被动地等待着工作任务的来临，而是会积极主动地寻找目标；不是被动地适应工作的要求，而是积极、主动地去研究，尽力为团队作贡献，积累成功的力量。所以，作为一个管理者，一定要引导全员为实现使命感而工作。

一、什么是使命感

什么是使命？使命就是为谁的问题，如：企业为谁而存在，企业做此事的终极意义是什么；员工为谁而努力奋斗，员工奋斗的终极意义是什么。

《西游记》是我国著名古典小说之一，大概内容是：

师徒四人去西天取经，经历种种磨难却依然不离不弃，为什么？孙悟空中途跑回花果山、猪八戒总说要回高老庄，唐三藏却依然义无反顾坚决去往西天，是什么支撑着他继续往前走？答案就是"使命"！因为他们知道，自己为什么要往前走，明白做此事的终极意义是什么。所以，最后孙悟空回来了，猪八戒也一直在，大家继续上路。西天取经的终极意义就是普度众生，而这恰恰也是师徒四人的使命。

成功者和普通者的区别是什么？成功者对自己的使命是100%坚信，而普通者只是50%坚信，所有成功人士都是使命驱动，明白做此事的终极意义。为了一件有意义、有价值、利他的事而努力奋斗，就是真正的使命。

使命感，会不断强化个人成长，把个人成长和公司成长融为一体。公司助力个人更快地成长，个人帮助公司实现高跨度突破，只有二者相得益彰，才能形成最终的合力。

二、用使命感激发员工奋进

韦尔奇 1981 年进入通用电气，经过 20 多年的努力，将一个弥漫着官僚主义气息的公司，打造成了一个充满朝气的企业巨头。在他的领导下，通用的市值从 130 亿美元上升到 4800 亿美元，世界排名从第 10 提到第 1。2001 年 9 月退休后，他被誉为 "最受尊敬的 CEO" "全球第一 CEO" "美国当代最成功最伟大的企业家"。

韦尔奇为通用电气塑造了最优秀的企业文化，其中重要内容之一就是用使命感激发员工奋进。

很多人认为使命感是一种虚无缥缈的东西，而韦尔奇却将其视为实实在在的行动准则，认为使命感能指引人们前进。使命感决定着 "我们应该如何去赢"，管理者必须根据企业的经营状况作出取舍和选择，不要陷入常见的、盲目的陷阱之中。

三、明确企业的使命感

使命感界定了企业的发展方向，因此，在确立价值观之前，首先要明确企业的使命感是什么。那么，管理者应该如何确定并传达企业的使命感呢？

首先，使命感要有激发人心的力量，使员工觉得自己在从事一项伟大的事业，同时还要具备一定的可实现性。过于遥远或与人们的工作和生活毫不相关的使命，只会沦为无人问津的口号。例如，默克公司的 "医病救人" 就是一个非常出色的使命，全体成员都能感觉到自己在从事一项伟大的事业；同时，"医病救人" 还是默克人每天实实在在的工作的真实写照。

其次，使命感必须拥有清晰、具体的定义，应该表述准确、简洁易懂，不会引起员工的误解。例如，韦尔奇为通用电气公司确定的使命是 "成为世界上最富有竞争力的企业"，员工都能够理解这一使命。

再次，使命感必须融入员工的具体工作。使命感只有被员工接受和认可才能产生作用，韦尔奇就通过各种方式将"成为世界上最富有竞争力的企业"这一使命传达给全体员工，在每一个公开场合他都会反复强调这一使命。

最后，确定使命感是高层管理者的职责。管理者既可以从任何地方得到相关的信息，也可以倾听各方精明人士的建议，但是确定使命始终是高层管理者的职责，不能将其推卸给其他人。

管理简单化，从目标的确立开始

一、管理简单化，从目标的确立开始

山田本一是日本著名的马拉松运动员，在1984年和1987年的国际马拉松比赛中，他两次夺得世界冠军。记者问他："你是如何取得如此惊人的成绩的？"山田本一回答："凭智慧战胜对手！"

马拉松比赛主要是运动员体力和耐力的较量，爆发力、速度和技巧都是其次，因此，对于山田本一的回答，许多人觉得他是在故弄玄虚。但是，他为何会这样说呢？

十年之后，山田本一在自传中揭开了谜底："每次比赛之前，我都要乘车把比赛路线仔细地看一遍，并把沿途比较醒目的标志画下来，比如，第一标志是银行，第二标志是一棵奇怪的大树，第三标志是一座高楼……一直画到赛程的终点。比赛开始后，我会以百米的速度奋力地向第一个目标冲去；到达第一个目标后，我会以同样的速度向第二个目标冲去。40多公里的赛程，被我分解成几个小目标，跑起来就轻松多了。如果开始就将目标定在终点线的旗帜上，跑到十几公里的时候就会感到疲惫不堪了，因

为参赛者早就被前面那段遥远的路程吓到了。"

任何团队和组织都需要一个简单、明确的目标，并且团队成员达成共识。

目标是团队存在的关键，没有目标，团队成员也就失去了工作的目的性；有了目标，团队才知道行动的方向。

明确的团队目标主要包括以下几个要素：需要达到的效果，达到该效果的时间，为了达到该效果所要采取的策略。也就是说，明确的目标是指能够实现的目标。当企业需要实现一个目标时，管理者必须告诉团队成员实现这个目标的方法是什么。这样，团队才会相信目标是能够实现的，员工才会尽力去实现这个目标。

二、制订团队目标

在制订团队目标时，应该注意什么问题呢？团队目标应该具有哪些特点呢？

特点	说明
目标一定要清晰明确	要想让设定的团队目标产生效果，首先这个目标必须清晰、明确，方便传达信息，让每个员工都能清楚地了解目标。只有清晰、明确的目标才有指导性，才是有效的目标，才能对员工产生巨大的激励作用，团队成员才能明确努力的方向，坚定不移地朝着这个目标前进
内部人员达成目标共识	团队管理不是管理者一个人的事，目标的制定不是管理者拍脑袋决定的，要与团队成员达成共识。也就是说，要将团队的目标和努力方向灌输给成员并取得共识，不能将目标和方向强加给团队成员。如果团队人员没有达成共识，团队目标和努力的方向就会触礁，如果大家各自为战，团队就会产生分裂，凝聚力还从何谈起？因此，只有上下达成一致的目标，才是有价值的目标
目标的制订要符合实际	目标的设定要建立在客观基础上，要以企业的基本情况为出发点制订目标，即审查团队是否有能力完成目标。也就是说，目标的设定不仅要建立在客观基础上，还要结合团队当前的实力，不能把目标订得太高，也不能订得太低

三、目标的实现

无论企业规模多大，无论团队建立时间多久，既然是团队，就要树立自己的目标，而这也是团队的主要任务。当然，确立了目标是第一步，关键还是要带领团队一起实现目标。为了达到这一点，管理者就要做到下面几点：

1. 不定时地让员工接受培训

为了提高员工的综合素养，促进目标的早日实现，在日常的团队管理过程中，只要条件允许，就要给员工培训。如此，在安排工作、下达任务的时候，员工的理解才不会出现太大的偏差；理解相同，在执行工作任务的过程中，想法也会一样，最终取得的结果也会基本上相同。如此，员工心往一处想、劲儿往一处使，也就能轻松地完成团队目标了。

2. 合理配置岗位

要想保证目标的顺利实现，管理者就要设置好团队的组织架构，合理配置岗位；在人员分配的时候，将员工安排在合适的岗位上，既不能出现岗位臃肿的现象，更不能出现人员严重紧缺的现象。记住：只有人员分配公平，岗位配置合理，目标才能高效完成。

3. 让员工的工作有方向

企业一般都由多个部门组成，每个部门的分工不同，目标结果自然也就不同，但无论什么样的团队，都要让员工明确自己的工作方向，努力工作。只要大家拧成一股绳，目标自然就能非常容易地实现了。

快速分解，行不通，再修改

目标制定之后，在实践过程中，还需要大胆尝试，不断完善目标。企业发展到不同阶段，需要制定不同的目标，一次目标的确定肯定有不妥之处。在实施的过程中，如果发现目标超过了企业和员工的能力范围，就要灵活地进行调整，甚至重新作出决定。

一、快速分解目标

A公司的销售团队一直都所向披靡，大家精诚合作，实现了管理者制订的多个目标。

年终时，公司召开员工大会，公布了新制订的下一年度业绩目标。虽然团队中有几个插科打诨者，但他们个人能力非常强，只是有些懒散。接到业绩目标后，销售经理将几个人召集到一起，对他们说："一直以来，公司都很重视我们，因此这次目标中分解出的大块任务都落到了我们身上。"几个人一听，不免紧张起来。

在接下来的一段时间里，这些人的懒散状态消失了，每天都很早到公司，整理资料后便立刻去市场，很晚才回公司继续整理资料。

年终，几个人不但完成了分解到他们身上的任务，还协助团队完成了更多的任务。

要想保证目标的时效性，在制订了大目标后，还需要将大目标分解成若干小块，分配下去，切实执行。那么，如何快速分解目标呢？在分解销售团队目标时，只有掌握下面的几个原则，才能保证大目标的落实。

1. 公平对待，掌握好天平

有些员工不对你叫苦，并不代表他们对任何问题都能应付自如。他们之所以不叫苦，可能是因为暂时能够顶得住压力，此时再给他们分配给更多的任务，他们多半都会负荷过重；相反，有些员工喜欢耍小聪明，只要遇到一点问题，就叫苦叫累，今天管你要政策，明天管你要资源，管理者如果调查不清，盲目地给他们减轻压力，不但业绩无法提高，还会造成其他员工心理失衡……最终，管理者就会被两帮人牵着走。所以，给员工安排工作，必须要保证老实人不吃亏、不老实的人占不到便宜。

2. 给员工施加一些压力

要想确保企业在市场上的占有份额逐步提升，就得给员工适当地施加一些压力。原因就在于，团队中既有普通员工，也有核心员工，而他们的主要工作都是提升团队业绩。由于核心员工一惯表现突出，重担自然就过渡到了他们身上。如果其他员工懒懒散散，感觉不到压力，就得设法给他们制造点压力，比如，分解给他们的目标高一些、重一些，强迫他们必须全力以赴，否则肯定不达标。当然，给员工的压力、重担多了，相应地也要给予同样多的资源与激励。

3. 既要民主，又要统一

所谓"民主"，就是无论在制订目标还是分解目标时，都要考虑多数人的意见，尤其是具体执行者的意见，如此，才能保证目标是客观的，分解到个人身上的目标也是合理的。不过，不能一味地"民主"，必要的时候还需要专制。民主只是手段，统一才是目标，绝不能因某个人而影响整体计划。

4. 舍得换人，不留恋

分解目标和目标落地的过程，也是管理者对员工和客户进行考察的过程。在这个过程中，很容易就能看出哪些员工拿了好处不干活、哪类员工专拣便宜和逃避责任，遇到这样的员工，如果市场运作质量极差，又无法扭转局面，就要果断地请他们离开。

5. 在稳定中求发展

制订了合适的目标后，首先要考虑目标的可达成性，不能只考虑增量。不切实地求增量，只能导致员工积极性的急速下降。因此，分配到员工身上的目标，必须在充分挖掘其潜力的前提下，具有可达成性，否则一切都是空谈。

二、目标的管控

一旦员工有了具体的、明确的目标，在目标实施过程中，就会自觉地对照目标进行自我检查、控制和管理。这种"自我管理"能充分调动各部门及个人的能动性和工作热情，充分挖掘自己的潜力。

同样，有效的目标控制，必须建立科学的控制系统。管理者必须努力提高员工自我控制、自我管理的能力，保证目标执行。

1. 做好自我管理

自我控制代表了更强的激励。目标管理的最大优点就是，能用自我控制的管理来代替上级的管理。在目标管理过程中，最重要的就是让成员将实现目标的进展情况不断反馈给管理者。为了激励优秀者，鞭策落后者，企业可以将员工的业绩情况排序后公布出来，反馈给每个人；同时，让员工对自己的《业绩追踪表》进行分析和检讨，发现自己工作的不足，及时调整或争取公司支持。

2. 做好反馈与指导

反馈和指导有正式的和非正式的。正式的反馈主要有：定期召开的小组会，管理者与员工共同讨论工作和目标的完成情况，遇到问题，根据员工的要求进行专门性研讨；定期进行书面报告来往。非正式的反馈和指导则存在于任何时候，比如：管理者到基层了解情况，同员工沟通，提出对工作进展的看法等。

3.重视监督与咨询。

一是在目标实施阶段,管理者要坚持"重结果更甚于手段"的监督原则,充分授权并明确其责任,给成员更大的施展空间,激发员工的热情与能动性。二是要抓住关键销量与重点产品的业绩进度,以及计划工作的执行进度,并将其作为预警指标,与偏离计划轨道的员工及时沟通,找出问题。

再伟大的目标,都要慢慢实现

饭需要一口一口地吃,事需要一件一件地做。想一口就将饭吃饱,只能将自己撑死;想将所有的事情一下子都做好,只能将自己累死。实现团队目标不可能做到一步登天、一蹴而就,必须将大目标进行细化,分步骤实施,分阶段进行,一步一步往前走。记住:即使是再伟大的目标,也需要慢慢实现。

一、确定阶段性目标

许多企业经营不善甚至倒闭,不是因为他们的目标太高远无法实现,而是因为他们没有将目标分解,没有制定阶段性的目标。将长远的目标分解成多个阶段性目标,只要通过努力达到一个目标,员工就能体会到成功的喜悦。这种喜悦感会加强员工继续努力的决心,推动他们继续努力抵达下一个目标。

所谓阶段性目标就是将总目标进行细化、量化,使其具有可操作性,以便唤起员工的工作激情,促使他们有计划性地完成目标,让团队迸发出勃勃生机。

松下就曾实施过阶段性目标。当时，管理者根据公司设定的总体目标及市场环境的变化，提出了三个阶段性的五年计划：第一个五年计划从1956年到1960年，目标是完成200亿日元的营业额，结果提前一年完成；第二个五年计划，目标是"将六天工作制改为五天工作制，营业额及员工工资不变"，结果又一次圆满实现；第三个五年计划，就是"员工的经营及工资水平领先欧洲各国并接近美国"，这个目标最终也顺利实现。

松下管理者认为，经营者必须随时随地都有"希望做那事，但愿公司达成某种目标"的理想。有了宏观的理想，然后只要依据理想分阶段地拟出目标，企业就能保持发展的活力。安于现状，任由员工懈怠工作，企业最终只能走向老化。

有了阶段性目标，企业就有了活力，员工也就有了锐意进取的开拓精神。但在实际工作中，能有效运转的目标大都结构复杂，由不同层次、不同性质的目标组成，分解的时候，就要遵循一定的原则，如纵向到底，横向到边。

所谓纵向到底，就是将总目标一级级地分解，从组织目标到部门目标再到个人目标，从上往下一层层地展开，直到整体目标与员工产生关联，成为一个紧密链条；而"横向到边"则是指目标的横向分解，各部门都要根据总体目标来设定自己的目标，不能让目标在执行过程中出现"盲区"或"失控点"。纵向到底，体现了目标的不同层级；横向到边，体现了目标的不同区域。可见，想要实现总目标，就得将部门目标和层级目标结合起来，把组织、部门、个人有效统一在一起，形成左右相通、上下相连的有机整体。

二、团队目标的分解

任何一个大目标都可以分解成许多小目标来实现，即使不能一下子达到最高目标，但只要一步一步向前走，最终就都能实现。记住：每个小目标的实现都是为下一个更大的目标做准备的。

要想将团队目标分解并有效执行，要学会三种方式：

1. 分解总体目标

要想对企业总目标进行分解，首先要找到核心，找到目标的支撑点，也就是设定目标时的关键因素。常见的方法是：自上而下系统地处理，从终极目标开始，梳理出实现目标所要抵达的途径及条件，以及需要借用的外力；找出企业存在的不足或弊端，找到克服这些弊端的方法或手段。总体目标的分解要全面、科学、客观、真实，要尽可能找到各要素之间的联系，对其进行整理，并按重要性进行排序，最后把总目标进行分解，让相关部门都能获得对应的分目标。

2. 将目标分到部门

部门目标的分解，要从部门的关键职能入手；在分解过程中，要清晰了解各部门的侧重点，确定目标到达部门的权重比例。同时，将目标分解到各部门时，还要依据目标的"横向到边"等原则，考虑到各部门之间的横向关系，达到部门之间的相互配合，并以总目标为航标。

3. 将目标告诉员工

部门目标再分解，就直接与员工联系在一起了。管理者承担着相应的责任，在分配目标的过程中，要根据各下属的特点，找到与目标的对应点。之后，定期进行检核，对与目标相关的员工进行权重分配，让目标在员工之间左右贯通，保证上级目标的实现。同时，分解部门目标时要考虑到人员控制的范围，让员工在实现目标时能彼此协作；管理者除了考核目标外，还要对员工及时进行引导、培养和管理。

三、目标分解注意事项

在具体规划小目标时，还要做到以下几个方面：

1. 目标有实现的可行性

目标是现实行动的指南，如果给员工定得太低，实现起来太容易，就无法起到激励作用，但如果超出员工的能力范围，不仅无法在预期的时间内见效，还会挫伤员工的积极性，使他们失去信心，影响目标的实现。所以，分解目标时一定要根据员工的才能、经验、阅历、素质以及所处的环境等条件进行综合考虑。

2. 目标要灵活

工作的不同阶段，要不断地调整和修改目标。对于中长期目标，至少要做一次检验，作出必要的修改。如果僵化保守，就无法激发出员工的潜能。对于短期目标，也要根据现实情况的变化作出调整，灵活变通，不要将目标限定死。

3. 全面地衡量

将大目标分解，是企业走向卓越的重大起步，必须配合具体的行动计划，认真思考。要从企业的资金状况、环境条件与需要等方面进行思考、论证和比较，将它当作企业发展的大事来对待。

4. 目标要限定时间

有了明确的任务，还要做好时间限定。因为只有在限定的时间里，员工才能集中精力，开动脑筋，激发出自己的潜力，全力以赴地去做该做的事情。

Part 3 人才管理：
合理选人、用人，重视团队发展的主导力量

确立机制，让团队管理制度化

一、华为的团队人才机制

华为不止是一家经营通信业务的公司，更是一家经营人才的公司，通过人才的不断增值，支撑业务的长期发展。

关于华为的团队人才机制，有这样一个例子：

一位教授曾经问任正非："人才是不是华为的核心竞争力？"任正非回答："人才不是华为的核心竞争力，对人才进行管理的能力才是华为的核心竞争力。"教授感到很惊讶。

其实，任正非说的这句话还比较柔和，而在《华为基本法》中还有一句更犀利的话："我们强调，人力资本不断增值的目标优先于财务资本增值的目标"。从本质上来说，华为就是一家人才运营型企业。具体表现为：

1. 精准选才

为了快速提高人才辨识能力，华为从1998年开始采用STAR方法。STAR是一种结构化的行为面试方法，经过反复练习，面试官掌握这套技能后，就能有效杜绝多数人为冲动的因素，让企业的人才识别率提升到60%。为了让核心人才的分工搭配更加合理，华为还积极组建最佳团队，为此还在20世纪90年代制定了"狼狈计划"。

2. 有效激励

华为认为，激励的本质是期望值管理——员工不是看薪酬数额的绝对值，而是看薪酬绝对值与个人期望值之间的差距。华为员工的收益是由工资、奖金、TUP 分配和虚拟股份收益四部分构成。

3. 倍速育才

华为人才队伍的成长非常迅速，除了基础知识培训、案例教学和行动学习外，任正非提倡的"训战结合"也备受重视。

这就是华为经营人才的模式。虽然这些方法不一定适合所有企业，但核心理念和操作方法，依然能够给我们启示和借鉴。

二、优秀人才的关注点

如今，众多企业都遇到这样问题：缺乏人才又招不进人才，或招来了人才又留不住。企业的快速发展和扩张，最重要的就是人才培养和引进问题，这个问题是不可回避的。其实，表面上看起来企业缺少的似乎是人才，其实真正缺少的是一套引进和管理人才的机制。没有梧桐树，哪来的金凤凰？

那么，企业应该如何引进人才？什么又是人才引进的机制呢？首先我们要知道优秀人才的关注点。调研发现，优秀人才一般都关注以下 7 个内容：

（1）企业的愿景是什么？企业的未来规划和发展目标是什么？

（2）进入企业，我的具体工作是什么，我的责任和权利是什么？

（3）企业对我的要求是什么？

（4）薪酬分配是怎样的？

（5）我在企业的职业生涯规划是怎样的？未来的出路在哪儿？我做到什么标准能晋升？什么标准会降级？

（6）进入企业如果不胜任是否有支持？企业有无完善的培训体系？

（7）引进人才时，企业是否有相应的用人标准？是否有完善的招聘体系？

当这些内容清晰明了时，优秀人才看了，就能知道企业未来的发展规划和自己的未来规划是否一致。来了也知道做什么，做到什么程度，给多少工资，能力不足是否有培训、有支持。因此，为了让人才有安全感，企业必须建立完善的流程和管理体系。

三、人才梯队建设及人才培养

企业中喜欢自主学习的员工毕竟不多，企业是否愿意多花一些人力、物力在人才培养上，这一点非常重要，并且意义非凡。为员工提供培训的条件和机会，对他们进行监督和反馈，让员工和企业一起成长，未来类似老员工能力不足的情况就会减少。当然，具体的人才梯队建设与人才培养要遵循下面几个步骤：

首先，建立人才梯队建设计划。人力资源部及公司管理者组成专家小组，明确现有岗位的岗位职责和岗位要求，制订各岗位的发展方向。职位发展可以是横向的也可以是纵向的，制订人才梯队建设制度，经过专家小组讨论，通过后实施。

其次，召集管理者开会，宣传公司人才梯队建设制度，让部门管理者充分理解并支持配合。一方面，人力资源部要在公司内部宣传人才建设计划；另一方面，部门负责人要及时将计划贯彻落实到部门中，在全公司形成人才健康培养趋势。

再次，部门经理根据计划对员工进行考察，设定好培养人数和时间，将此项工作纳入对部门负责人的考核里。部门负责人一旦发现了符合梯队建设的人员，就要上报给人力资源部备案；之后，人力资源部填写成员信息表，与成员沟通：员工的发展方向、优势及劣势是什么，需要得到什么样的提升及培训。

最后，根据制度进行人才培养和选拔，对梯队成员进行工作跟踪及考核，每一个季度或半年对人才进行一次评估。需要培训的，及时安排培训；可以提升的，及时提升。要全力贯彻人才梯队建设制度，如果只有制度，不执行，或执行不力，人才梯队建设制度也是形同虚设。

四、建立与完善人才退出机制

人才退出是一个循序渐进的过程，良好的人才退出机制也应该是有效匹配各个环节。

1. 根据考核结果决定人才的退出

通常，人才的退出机制是以定期的绩效考核为基础的。通过定期的绩效考核，对员工的近期工作表现进行审核和评价，以考核的结果为依据作出相应的人事决策，如降职、降薪、调岗、退休甚至解雇。如此，就能定期检查人岗匹配程度并及时进行调整，保持人员与岗位、岗位与能力的匹配。

2. 做好解雇程序的管理

要做到刚性裁员，柔性操作。裁员关系到企业的生存问题，只有理性正视，才能解决问题。裁员本身是较为刚性的，但在裁员过程中，过于刚性则会激化矛盾，让员工对企业失去信心，进而增加裁员成本。所以，企业在裁员的操作过程中要有一定的柔性，即在理性的基础上采取柔性化方式。

3. 做好离职员工管理

调查显示，目前国内企业超过2/3的在职员工并不知道该如何正确办理自己的离职手续。为了规范管理，要建立完善的离职员工管理方法，尤其是对于掌握核心技术和营销管理技能的高级职员，更要有严格的离职管理方法。

4. 建立"回聘"制度

事实证明，感受过外界企业文化的离职员工更能体会到原企业文化的精髓，具有更高的企业认同感。同时，一些人力管理调查机构也通过测试证明，回流员工一般都不会再次主动离职，且由于熟悉企业内部工作流程，更能快速进入工作状态，同时也能减少对新员工的培训支出。特别是曾经离开企业的员工，多数都是由于自身能力和过错离开的，或者是企业在实现不同的战略目标或者处在不同的发展阶段为了实现目标而裁撤的。

5. 注意法律问题

建立人才机制，要关注法律规定。首先，退出方法要以相关法律为依据，必要时要向当地劳动部门咨询，为了确保退出方法的合法性，甚至可以把退出方法拿到当地劳动部门备案；其次，用书面材料记录员工相关行为，让员工退出证据充分；最后，在员工退出时，要和劳动部门做好沟通，解释裁员原因，获得劳动部门的支持，按照劳动法规定，确定补偿金额。

人无完人，不要对员工吹毛求疵

一、管理"死板"的员工

职场中难免会有一些"死板"的员工，他们做事喜欢我行我素，对人冷若冰霜。即使客客气气地与他寒暄、打招呼，他也总是爱理不理，不会作出你所期待的反应。管理这类人，的确会让人感到不自在、不舒服。但身为管理者，自然不能凭自己的喜好对待他们。更好地管理这类员工，首先就要了解他们的性格特点。

1. 缺点

这类人一般都天生缺乏创意，喜欢模仿他人，为人处世的方法和语言都仿照别人的样子，既没有主见，也没有自己的风格。没有现成的规矩，他就不知该如何行事。他们不会有突破性的发现，对新事物、新观点接受得比较慢。他们墨守成规，在实际情况发生变化时，不知道灵活变通，只会搬出老黄历，寻找依据或经验。然而事物瞬息万变，这种人不懂得以变应变，难以应对新事物、新情况。他们缺乏远见，没有多少潜力可挖掘，发展水平存在局限且无法超越。因此，这种人不适合委以重任。

2. 优点

这类人也有自己追求和关心的事，只不过别人不大了解而已。他们工作认真负责，易于管理，虽然没什么创造性意见，但一般不会出现原则性的错误。将常规的事情交给他们去办，他们通常都能按照指示和要求进行处理，并且能把事情做得令领导十分满意，无法挑剔。

3. 管理

死板的员工的确让人感到难以接近，但出于工作需要，依然要对他们进行管理。

（1）多观察。他们的这种死板并不是因为对你有意见而故意这样做，这其实跟他们自身的性格有关。虽然你觉得他们的做法使你的自尊心受到伤害，但这绝非他们的本意，因此完全没必要计较，更不要用自己的主观感受来判断对方的心态，甚至冷淡应对。通常，死板的员工并不会将自己固执的原因挂在嘴边，要想管理好他们，就要先了解他们。不仅不能冷淡对待他们，还要多花些时间，仔细观察他们的一举一动，从他们的言行中找出他们真正关心的事情。

（2）有耐心。要想管理好死板的员工，需要多一些耐心，要循序渐进。死板的人一般都想维护自己的内心平衡，不愿意做出令人心烦的事。只要能设身处地为他们着想，维护其利益，使他们逐渐接受新事物，逐步改变和调整他们的心态，他们也就可能对你心存感激。如此，不但可以使他们改掉死板的毛病，还有利于提高管理效果。

（3）工作分配。管理者可以尝试将常规的琐事委托给这类人，他们多半会按照领导的指示，模仿领导的做事风格，套用领导的做事方法，把事情完成得符合要求，让领导放心和满意。

二、闷葫芦型员工的管理

人的性格是多种多样的，有的人富有激情、健谈而热烈；有的人多具理智、风趣而机敏；有的人性格内向，寡言而慎行……但最让管理者头痛的当属性格极倔强又沉默寡言的"闷葫芦"。

1. 特点

遇到这种不爱说话的员工，管理者通常会无形中感觉到压抑和沉闷。如果你的性格比较外向，能说好动，情况就更加如此了。为什么？孤掌难鸣！大部分员工都是刚涉足社会，正极力探索人生，热情地期待获得更多的人生道理与工作知识、技能，而"闷葫芦"青年往往更善于思考，喜欢形象的现身说法。

2. 管理

一般说来，管理"闷葫芦"员工，需要在自我心态调节的基础上，给他们提供一个轻松的交流环境，如此，也就能够更有效地把握他们的心态。

（1）自我调节。跟这类员工在一起，不管是谁都会感到沉闷和压抑，特别是一些性格比较外向、活跃的人，更会觉得难受。这时候，为了活跃气氛，打破这种僵局，就不能硬找话题说，应该尊重对方，否则，他们不仅不会和你想到一起，更不会服从你的管理。况且，如果你感到沉闷，完全可以通过另外的途径去寻求解脱。

（2）注意沟通。沟通是管理的基础，但是对"闷葫芦"型员工来说，最大的问题不是管理者不沟通，而是员工自身性情所造成的沟通障碍。他们的沉默不语，让管理者最头痛。但管理者不能向后退缩，应当想方设法让他们开口说话，说出自己的内心所想。为此，可以从以下几个方面入手：

方法	说明
从兴趣谈起	兴趣，是人们在情感意志等个性品质的作用下对某种事物产生认识或探索动机的倾向。青年人一般都兴趣广泛，以他的兴趣为话题，就能敏锐地触动他心灵的热点，达到心理相容和语言共鸣
从问题谈起	这类人一般都具有较明显的闭锁心理，既苦于无人知道自己的心事，又不情愿让人真正知道自己的心事。所以，只要对他的烦恼给予理解，并热情帮助他解脱，他就会同你攀谈起来
从评价谈起	这类人不仅关心自己的发展，还对周围人的评价异常敏感，并常常为之引起较大的感情波动。他们希望从别人对自己的态度、评论中了解自己，懂得借助外物来认识自己，尤其是重视领导对他的评价。因此，管理者要诚心地对他们作出评价，以便产生语言信息的交流

三、管理争胜逞强的员工

这类员工不管做任何事都喜欢争强好胜，很难有知音。其实，他们的本质也并不坏，只不过一遇机会就喜欢吹嘘夸大、炫耀自己，总会在无意中会伤害别人，人缘不好。他们外表显示出气场很强，但内心却非常柔弱，很容易被美好的言辞说服，很容易信任名人的言论，更容易卷进流行的风潮中。

他们不肯服输，不甘落后，总想争一流，总想干出点样子来；但容易走向极端，会因过于紧张而累垮自己，给工作带来消极影响，甚至还可能妨碍他人卓有成效的工作。

对待这类员工，不能咄咄逼人，不能以其人之道还治其人之身。一方面要从正面引导，肯定他们积极的一面，并为他们创造条件，让他们充分发挥自己的才能，推动企业发展；另一方面，要找到适当的机会，指出其消极的影响，帮助他们克服自身的缺陷，不断走向完善。

对争胜逞强的员工，在管理上应当遵循以下具体原则：

（1）不要生气。争胜逞强的人到处都有，遇到这样的员工很正常，其他管理者也会有这种下属，不必动怒。

（2）不要自卑。即使才能再高，也不可能在各方面都超过所有人。任何人都既有长处，又有短处，也许他们有些地方确实比你聪慧，但也不要自卑。

（3）分析下属的真实意图。通常，下级只有在怀才不遇时才会与上司争胜逞强。如果确实如此，就要为他创造条件，让他们将自己的才能展现出来。当许多重担压在他们肩头时，他们便会收敛自己的态度。

（4）承认不足。勇于承认自己的不足，并予以改正和学习，他们的"进攻"就会失去目标。

（5）多方交流。如果对方不是故意与你为敌，就要在适当的时机进行推心置腹的谈话。因为，有理有据的谈话可以化解矛盾，改变他对你的态度。

四、管理性格孤僻的员工

性格孤僻的人如果不是天生不合群，那就是追求个性的青年。他们喜欢展示自我，喜欢耍"酷"，虽然在多数情况下不会制造争端，但因为喜欢单独行动，性格冷僻，言语犀利，也可能会给团队带来一些消极影响。比如，不愿意参加会议，每个月例会，会议室总会出现几个空位置。即使保留着这些空座位，他们也会我行我素，缺席各部门的内部活动。这时候，不必强迫自己帮助他们改变，完全可以像关心其他员工一样关心他们。一旦他们从心底接受了你，局面就不会如此尴尬了，你的能力和领袖形象也会稳步攀升。

1. 注意谈话的艺术

性格孤僻的员工一般都不喜欢说话，有时即使对某一事情特别关心，也不会主动开口。但不谈话是无法交流思想的，与这类员工谈话的关键是选好话题、主动交谈。通常，只要谈话内容触到了他的兴奋点，他就会开口的。但也要注意，性格孤僻的人喜欢抓住谈话中的细微末节胡乱猜疑，即使是一句非常普通的话，有时也会使其恼怒，他们可能久久铭刻在心以致产生心理隔阂。因此，跟他们谈话的时候要特别留神，措词、造句都要仔细斟酌。

2. 不要过分显露热情

这类员工一般都很反感所谓的"俗人"，讨厌整天为功名利禄忙得烂额的平庸之辈。他们有自己的生活方式，不喜欢被别人打扰。为了跟他接触，整天耐着性子，装出一副热情有加的样子和他称兄道弟，通常都不会得到什么好结果。尤其是当他们感觉到你是为了某种目的而跟他们"套近乎"时，他们多半会认为你是一个虚伪的人。对于这类人，平时只要跟他们他们保持工作上的接触就可以了。

3. 不要冷落，多些温暖

对于这类员工，最有效的管理策略是，给他们增添人世间的温暖和体贴。比如，在学习、工作、生活的细节上多为他们做一些实实在在的事；在他们遇到了自身难以克服的困难时，伸出援手，为他们提供帮助。孤立和冷落并不能使他们投入集体的怀抱，因此不管在任何情况下，都不要流露出漠不关心的神色，要像对待其他员工一样来对待他们。

4. 共同参与文化娱乐活动

参与文化娱乐活动，容易让他们从孤独的小圈子中解脱出来，投入集体的怀抱，变得开朗起来。因此，要鼓励这些人多参加团体文化娱乐活动。需要注意的是，选择活动内容和形式时，要尽量选择一些愉快的主题，比如，听相声、听轻音乐，看喜剧、看比赛，游览风景名胜等。

五、管理性情急躁的员工

这种人一般都好冲动，做事欠考虑，思想简单、感情用事，行动如急风暴雨。跟这种人打交道，要躲着点，别惹着他，否则很容易成为他的迁怒对象。

1. 特点

这种人性情暴躁、好冲动、点火即着，不考虑后果，行动如急风暴雨；如果缺乏文化修养，或存在反社会行为，定然会蛮横无理、蔑视权威、有恃无恐，将会是一个较大的威胁。

（1）蛮横。这类人性情暴躁，容易伤害人，蛮横无理。

（2）直率。他们比较直率，不会搞阴谋诡计，不会背后算计人；对某人有意见，会直截了当地提出来。

（3）义气。他们讲义气，重感情，只要你平时对他好，尊重他，他就会加倍报答你，并维护你的利益。

（4）喜欢听好话。他们喜欢奉承话，所以，与其交往要多采用正面的方式。

2. 管理

遇到性情急躁的员工，头脑一定要冷静，不要因其损害到你的管理者形象就采取冲动的方式。对性情急躁的员工，可以采取以下方式：

（1）耐心说服。如果你也是一个急躁的人，急躁遇到急躁，就容易着火。这时，要压住自己的火气，仔细地、轻言细语地说服他；也可以给他讲事实摆道理，消除他的误会。

（2）宽容以对。对这类人，要有宽阔的胸怀，少些计较，多些宽容和承担。

（3）公正处理。揣摩他们的心理状态，是管理他们的基础。当他们对周围的人发怒时，要搞清事情原委，公正处理。

员工犯错，绝不能放过

团队管理中经常会遇到这样的问题员工：工作拖沓、不肯配合、不肯与别人分享信息、吹毛求疵、效率低、爱抱怨、喜欢欺压别人……要想有效管理这些问题员工，就要毫不姑息。

事实证明，只有正确面对问题员工，才能有效地管理他们。

一、找出无效的工作习惯

卡迪在一家公司做管理，管理着一群从事支持性工作的员工。后来，由于工作需要，公司给他安排了一名秘书，他很高兴，本以为自己的工作能够轻松一些，结果秘书目中无人，他也束手无策。秘书自己规定工作时间，每天都是上午 9:30 上班，比公司的正常上班时间晚一个小时；下午 5:30 下班，比正常打卡时间晚半个小时。更糟的是，她还喜欢将临下班前的一个小时用在拉家常上。

卡迪要求她认真完成工作，按正常时间上下班，但是她总是忽视这些要求，继续我行我素。而且，在她的影响下，其他员工也跟着有样学样。卡迪想解雇她，但女秘书的工作效率确实很高，他没法忽视这一点。女秘书的工资是按小时计薪的，显而易见，下班前的一小时她都是在故意拖时间，公司根本不需要支付那段时间的工资。

为了防止不肯合作的秘书到时投诉，卡迪开始做详细的记录，解释工作时间和秘书的工资之间的差异。

这个故事告诉我们，如果员工工作习惯不好，就要立刻纠正，且永远不要让员工随意忽视公司的规章制度。

二、一起想办法解决

对于员工来说，如果能够在制订某项政策的时候加入自己的意见，他们就会拥护这项政策。如果制订政策时不管员工的意见，采用自上而下的方式强制推行某项政策，只能给自己带来长久的麻烦，或者让已有的问题变得更加糟糕。

从一开始，在草拟纠正不当行为的计划之前，就应该先听取员工的意见。虽然这样做，可能会让你收获意料之外的好建议，也可能给你带来沉重的打击。但是如果是成了独裁者，员工是不可能按照你所希望的那样去改正的。

看到员工出现了问题，就要让员工参与讨论，得出解决办法。如此，不仅会让当事人更轻松，也可能得出双方都想要的结果：学习和改正不当行为，防止下次再犯同样的错误。问问下属的那些问题员工：关于准时上班有什么好的建议，他们能够为此做些什么。如此，就能鼓励他们去思考。

三、将行动计划坚持到底

如果纠正员工不当行为的计划得不到执行，或者执行得很糟糕，无异于空想。因此，只要跟员工一起起草了行为纠正计划，就要从战略高度去监控具体的执行情况。最好的方法就是跟进会谈，面对面交谈是最好的办法。

发现了员工的问题，要尽量每周安排一次会谈；随着员工的进步情况，再逐渐减少会谈的频繁程度。会谈要尽量简短扼要，目标明确，让员工在新战略的基础上不断更新；为了确保员工积极参加会谈，必要时可以把会谈安排在喝咖啡的休息时间或午餐时间。

四、不放任自行其是的员工

对于企业来说，行政管理系统非常重要。有了有效的行政管理系统，管理者就能知道谁应该对问题员工负责。但是，对于自行其是的员工来说，行政管理系统形同虚设。他们根本就不会顾及上级的权威，会毫不迟疑地越级向高层申诉，会让上司觉得自己被轻视。

如果员工无视规定直接越级投诉，就要提醒他有关行政管理系统的两个问题：一是你跟上级讨论过这个问题吗？二是结果如何？但是，行政管理系统不能过于刻板，如果员工的直接上级经常口出恶言或工作效率低下，那么公司一定要支持该员工的越级求助。

五、对难缠的员工要强硬

很多时候，管理者会太过心慈手软。有些员工年轻、野心勃勃，可能让你倍感亲切，因为他让你想起了从前的自己；同时，这个人的魅力和想法也可能让你惊叹不已。因此，当你给他安排某个任务时，如果他觉得自己做这样的事情是大材小用，就会直接拒绝，而你也可能会听之任之；或者，他会让你给他安排更值得他去做的任务。如果按照他说的做了，你就是在庇护他，而不是在领导他。其实，既然员工确实有如此特殊的才干，那他应该什么工作都可以做，且都能做好。

记住：如果员工确实聪明能干，就应该给他们安排更具挑战性的工作；但是，基本的岗位职责工作，他们也不能甩手不干。背离常规去迁就某个诸多挑剔的员工，你扮演的就是老爸的角色，而不是管理者。

六、不要让员工争吵不休

团队合作，可以给人们带来愉快的经历，比如观点的碰撞、探讨解决问题的可能性、创造出一种新产品，这都是令人振奋的事情。运作良好的团队就像是一座发电站，永远在发光发热，但是团队合作也可能带来严重的挫败感。

看到团队无法赶在最后期限之前完成工作或工作结果太差，有的员工就会埋怨表现较差的成员，这时候他们作为一个整体的工作成效就被抵消了。如果成员没完没了地吵架斗嘴，随着最后期限的迫近和压力的增大，管理者就要采取一定的措施来纠正这些不当的工作行为了。

其实，为了调动员工的工作积极性，与其去挑员工的刺，还不如把重点放在如何发挥他们的长处上。如果员工觉得被授予了权力，且你会跟他们一起研究如何实现团队目标，你所面临的处境就会好很多。

七、把爱挑刺的人放在适当位置

爱挑刺的人是团队的祸根，他们喜欢通过找别人的茬儿来证明自己更聪明，却通常提不出更好的方法来解决问题，如果能在适当的时候，对他们进行目标明确的批评，他们就能恰当地发挥自己的作用。

爱挑刺的人总会将同事的努力成果看得很一般，喜欢揪住一些小错误不放。要想应对这个问题，就要问问他："你能不能提出不同的方案？"如此，就将焦点转到了他们身上。通常在这种情况下，他们都会被问得哑口无言。

八、必要时开除某个团队成员

迪斯经营着一家营销公司，一天，他让助手把一份小册子的初稿整理出来，小册子的内容将被纳入公司分发的宣传资料中。完成初稿后，助手本来应该把稿件交给团队其他成员传阅评论，但是直到最后一分钟，他才写好初稿。为了防止延误下一个最后期限，队友被迫匆忙翻阅稿件，结果一步错，步步错。这样的事情在工作中时常发生，迪斯跟助手交流过几次，跟他强调掌握工作节奏的重要性，但助手过分自信，总是把重要的任务撇在一边，拖到最后一分钟才做完。迪斯忍无可忍，最终不得不开除了这名助手。

为了让员工更好地适应项目，应该给他进行足够多的培养训练，如果这样他依然无法提高工作绩效，就要考虑把此人从团队里调走，或干脆解雇。让这种人在团队中待太久，不仅会打击其他成员的士气、影响工作效果，还会让你在别人眼里成为能力差的管理者。

九、让员工尊重他人

不管问题员工的地位有多高，都要让他尊重别人。即使是很细微的地方，也必须坚持这个原则。如果员工打断你和他人的谈话，却没有跟你道歉，你就要主动岔开他们的话题表明态度。可以跟这个下属说"打断一下，我们等会儿再继续谈吧"，或者"你俩有话要谈，我先走了"。如此，就能让他们了解，你需要他们的尊重，不管当时是什么情况或对方的地位有多高。

员工考核要做到公平、公正

员工考核是一把双刃剑，失去公平性，就会挫伤员工积极性，不利于鼓励员工创造性地工作；如果情况严重，甚至还会对企业用人决策造成误导，产生逆向分配。相对的，考核公平公正就能激励员工，消除抵触情绪，提升团队的协作水平，有利于作出正确的人力资源决策，降低人力成本，提高生产率。

一、员工考核失去公正性的原因

员工考核之所以会失去公正性，通常有这样几个原因：

1. 考核标准模糊

做考核计划的时候，由于部分考核指标并不能进行量化和细化，因此结果容易出现偏差，考核结果只能由考核者主观臆断作出判定，不能客观、有效地去评价员工的工作。如果没有清晰化、合理化的考核标准，员工考核也就无从谈起。

2. 忽视面谈和反馈

面谈和反馈犹如学生的课后作业，管理者对员工工作的讲评和讨论则是老师的审核和批改。如果只想达到使员工克服缺点、改进工作、提高绩效的目的，仅将考核结果公布给员工，强制性地执行奖惩，忽视了面谈和反馈，并不能起到考核的作用，自然也就达不到考核的目的。

3. 容易感情用事

人类都是有感情的，工作中很容易带入感情，工作情绪化，考核也容易感情用事，对于自己喜欢或熟悉的人，更容易给出较高的评价。比如，管理者对某某比较熟悉，就会潜意识地认为该员工比较好，印象深刻……这样的考核是不准确的。因此，在对员工进行考核的时候，不仅要细化考核内容和考核标准，还要严格按照考核的原则和操作方法进行，加强沟通和交流，最大限度发挥管理的优势，进一步提高公司的整体管理水平。

另一方面，优质的考核工作在提高公司效率和员工能力的同时，也会伤害到分数低的员工，低分数者就会成为考核的牺牲品。做考核的时候，一定要考虑到这个问题，只有找准员工工作效率低的原因，才能更好地人尽其用。

二、企业考核如何做到公平公正

考核是把双刃剑，用得好，就是一把利剑，能促使员工冲锋陷阵；用不好，就是猪八戒照镜子，里外不是人。考核没有具体科学的标准，不是1+1=2的唯一性，不同的岗位要进行不同的考核，相同的岗位也可以进行不同的考核。考核一定要保证公开、公平、公正，如果不能做到，还不如不考核。

1.考核前做好职务分析

企业对员工的考核，主要是围绕员工在其岗位上的工作情况进行的。从人力资源的角度来说，考核内容涉及岗位分析、岗位评价、岗位分类、岗位描述等。为了保证考核的科学性和客观性，考核前就要先拟定好某特定岗位的岗位说明书。岗位说明书上，要明确岗位职责、工作标准、工作程序、考核办法和任职资格条件。如此，不仅可以规范员工在某一岗位上的职责，也能为岗位考核和评估打下坚实的基础。

2.制定科学的考核制度

考核制度的制定，影响着考核结果的有效性。员工考核需要经过很多步骤，每处细节都不能忽视，按照考核推动的进程，大致可以分为目标制定阶段、辅助阶段、考核及反馈阶段。考核制度的确立，应该在考核正式实施之前。

（1）目标制定。考核前，管理者跟员工确定共同目标，如此，才能使企业各部门形成一股合力。目标的内容由低到高，主要分为：职位目标、团队目标、部门目标和企业目标。

（2）辅助阶段。辅助阶段是计划和目标达成的过程，也是有关数据的搜集过程。在这一阶段，部门内应建立一套双向沟通机制，通过定时总结和汇报，明确一定阶段的目标；同时，这些记录也能为之后的考核提供依据。

（3）考核及反馈结果。该阶段的主要任务是，搜集和整理获得的信息，同时对员工的绩效承诺作出客观公正的评价。对于考核结果，管理者要及时与员工进行沟通，帮助他们提高业绩。对于跨部门的员工，要将考核标准分为绝对标准和相对标准。其中，绝对标准的评价重点在于以固定标准衡量员工，不跟其他员工作比较；相对标准就是对员工的工作进行比较，评价个人工作的好坏。

3. 培养合格的考核者

在考核中，考核者发挥着至关重要的作用，因此，对于考核者的要求也更加严格。考核前，要对考核者进行相关培训，培训内容有：规避晕轮效应、居中倾向、偏松或偏紧倾向等，以避免在考核过程中出现不公正行为。考核者只要从事实出发，就能让考核变得公平公正，让考核变成一把衡量员工的标尺。

三、弥补考核中的不公正

考核，是多数企业都会做的一项工作，但考核结果经常让员工无法接受，觉得不公平。为什么会出现这种情况？因为考核者在实施考核的时候总会出现考核误差。下面就跟大家分享几种常见的考核误差及解决办法。

1. 近期误差：每周做一次记录

通常人们会对最近发生的事情印象深刻，对过去发生的事情印象较浅，这就容易产生近期误差。如果考核者用员工的近期工作表现来代替整个考核期的表现，就容易产生误差。要想消除近期误差，最好的办法就是每周对考核进行一次记录，在月末进行正式考核时，参考记录，得出公正的考核结果。

2. 光环误差：将众多员工放在一起评价

如果某个人存在一个明显优点，人们往往会误认为他在其他方面也同样优秀，这就是光环效应。在考核的时候同样如此。比如，某一员工的工作积极性很高，考核者就会误认为他的工作业绩也很好，会作出较好的评价。要想解决这个问题，在进行考核时，考核者可以把所有员工的同一项考核内容放在一起评价，而不是以人为单位进行考核，这样就可以有效地消除误差。

3. 趋中误差：培训员工，杜绝熟人

考核者一般都会将员工的考核结果放在中间位置，但这样很容易产生趋中误差。主要原因就在于，考核者怕承担考核责任，考核者对员工的工作不太熟悉。要想减少这种误差，在考核开始前，就要对考核者进行必要的培训，消除考核者心中的顾虑；同时，不要让对员工不熟悉的人来进行考核。

4. 个人偏见误差：小组考核，互相评价

考核者对员工是否喜欢或是否熟悉，都会影响到员工的考核结果。对于自己喜欢或熟悉的人，考核者一般都会给出较好的评价；对自己不喜欢或不熟悉的人，则会给予较差的评价。这就是个人偏见误差。为了减少这种误差，可以采用小组考核的方式，让员工互相评价。

"因岗设人"还是"因人设岗"

"因岗设人"是传统的管理方法，而"因人设岗"则是现代的管理策略，各有其存在价值和适用条件，融合在一起使用，更有利于企业利益最大化，让企业永葆核心竞争力。

现代人力资源管理的终极目标是人尽其才、才尽其用，尽可能地实现人岗匹配，从而高效率地实现企业各项预期目标。那么，企业究竟应该恪守"因岗设人"的原则，还是采用"因人设岗"的现代策略，也就成了一个值得研究的问题。

一、因岗设人

传统的人事管理制度，推崇的是"因岗设人"，具体方法是：企业根据目标或任务需要来设计工作岗位，然后将具有相应知识和技能的人配置到岗位上,实现企业的既定目标。受"定岗、定编、定员"思维范式的影响,很多企业在调整、合并、增加、减少组织结构时,都恪守了这一原则。

"因岗设人"优点有这样几个:一是使企业的组织结构条理清晰,层次分明,便于管理和分配工作任务;二是企业运作更加省时有效,有利于企业实现战略目标;三是使各工作岗位员工责权分明,避免人浮于事;四是使考评机制易行、公平,有利于激励多数员工的工作积极性。

缺陷则在于:一是在设置工作岗位时,会将企业战略目标进行分解,落实为部门职责,再分解为各岗位具体职责,责任链太长,容易出现管理失位、错位和低效等问题;二是预期各岗位在人才市场上能够配置到理想员工,但现实中企业在有限的时间内不易搜寻到理想员工,容易出现"职位陷阱"。

二、因人设岗

在全球化、信息化和知识经济快速发展的今天,人力资源跃升为现代企业核心竞争力的内核,成为现代企业健康、可持续发展的第一资源。因此,在现代企业中,"因人设岗"也就成了人力资源管理中重要的策略。

所谓"因人设岗"是指,企业根据员工的知识、能力和技能特点进行工作岗位设计,通过创造或调整岗位来吸纳、留用稀缺人才,为企业创造出更大的经济效益。此策略以人为中心,重视的是人尽其才,才尽其用。

其优点主要表现在:

(1)凸显特殊人才的作用。"因人设岗"为人才提供了充分施展才能的平台,岗位职责内容富有弹性,只要对实现组织预期目标有利即可。不仅具有极大的激励效应,还能降低人才招聘成本。

(2)降低战略型人才的流动率。"因人设岗"为优秀者提供了机会,只要满足了员工的高层次需要,就能激励人才的工作士气。

(3)为企业分散经营风险。"因人设岗"可以为企业多种经营作准备,降低企业经营风险。

三、两种策略的运用条件

在现代企业的人力资源管理中，究竟是采用"因岗设人"，还是采用"因人设岗"呢？"因岗设人"的传统原则与"因人设岗"的现代策略并非严格意义上的替代关系，采用何种方式都取决于员工类型、企业类型和企业规模三个因素。

简而言之，对于普通员工，在传统部门中，如果团队规模较大、工作岗位数量多，就要采用"因岗设人"的传统人事管理原则；对于核心员工，特别是在知识型企业中，如果团队规模较小、工作岗位数量少，则适合采用"因人设岗"的人力资源管理策略。

当然，要想用好"因人设岗"策略，关键在于全面了解员工的知识和技能。同时，还要注意以下几方面：

（1）设计工作岗位时，要用科学的发展眼光，避免短视行为；

（2）不仅要关注人才流量，还要关注人才的存量，做到"引得来，留得住"，使企业的人才结构科学合理，内外均衡；

（3）及时发现和鉴别战略人才，采用灵活多样的人才管理策略，长久留住稀缺人才。

四、从企业类型看"因人设岗"策略

所谓知识型企业，就是运用新知识、新技术、创造高附加值产品的企业，主要进行企业知识管理、重视创新研发和学习，以知识产权、知识发展、知识运营作为主要发展战略。

对于知识型企业来说，人才是最关键的因素，因为它是保持企业对市场的应变能力、创新能力和核心竞争力的基石。因此，在这些企业里，如何发挥员工的能力、激发员工工作积极性，也就成了管理者最关注的问

题。在知识学习、搜集、交流、共享、创新、应用等方面，采用"因人设岗"的策略进行员工管理，可以达到事半功倍的效果。

此外，采用相应的策略时，还要考虑到企业自身的组织规模。如果企业规模较小，工作岗位数量少，岗位调整的成本低，可以采用"因人设岗"的策略；如企业规模较大，工作岗位的数量多，进行岗位调整的成本高，则采用"因岗设人"原则更有利。

总之，不同类型的人力资源具有不同的属性组合，也应该采用不同的人力资源管理模式。也就是说，在现代人力资源管理中，"因岗设人"与"因人设岗"是一种互补关系。在企业中，常规部门在安排人事时宜采用"因岗设人"原则；研发部门设置工作时，宜采用"因人设岗"策略。

Part 4　授权管理：
把握放权的艺术，给员工更多的自主权

因事授权，视能力来授权

一、授权给有能力的下属

西方管理界有句话说得好："有责无权活地狱。"把权力授予负责任的下属，做到人尽其才，对公司管理来说就是提高效能，这样的管理才是卓有成效的管理。所以，西方管理学者卡尼奇曾经说过："当一个人体会到请别人帮他一起做一件工作，其效果要比他单独去干好得多时，他也就在管理下属中迈进了一大步。"

如果管理者不愿意授权，用人唯亲，觉得亲人最可靠，就会付出惨重的代价。福特的例子就是最为典型的。

福特汽车的沉浮，主要原因就在于公司用人。如果福特家族独裁，那么公司就会走下坡路；相反如果重用人才，公司就会繁荣发展。

亨利·福特出生于一个农民家庭，在经历了两次创业失败之后，1903年，福特与几个同行一起，聘请了专家詹姆斯·库兹恩斯担任CEO，第三次创业，他办起福特汽车公司。

库兹恩斯上任后，在老福特的支持下，采取了三项重大措施：预测市场、制造价廉物美的产品、建立销售网络。如此，在不到七年的时间里，福特公司便一跃成为世界上最大的汽车制造公司，福特本人也被称为"汽车大王"。可是，福特公司取得发展后，福特一世的头脑便开始发热，1915年辞退了库兹恩斯，实行个人独裁，成了典型的家族式管理。

老福特包揽了公司的一切，取消了经理制，高级管理者成了他的私人秘书，公司的一切人事安排、生产和销售事务都由他一个人说了算；公司没有经理部，不会召开任何形式的讨论会或研究会，导致公司管理极度混乱；老福特还任人唯亲，高级职员共有500多位，但却没有一个大学毕业生……这种局面加速了福特公司的亏损。

老福特一意孤行，听不进忠言，只要有人提出不同意见，他就会将其看成"眼中钉"，长此以往，能力强的人纷纷离去。同时，福特公司的车型非常单一，最终被车型多样的通用公司超越。

为了应对这种危机，在1943年"福特二世"因病去世后，老福特召回了在海军任职的孙子小福特，担任公司副总裁，即"福特三世"。1945年，小福特担任公司总裁，上台后，他大胆进行改革，很快就让月亏损900多万美元的公司获得新生。小福特采取的革新措施是：

（1）打破家族统治，聘请外界管理人才，让他们有职有权。从外界聘请的经理能及时掌握情况，有权作出各种决定，这样，公司很快走上了复兴之路。

（2）对管理体制进行改革，由原来的集权制改为分权制。把公司分成15个部门，由各部门经理全权负责。

（3）积极开发国外市场。20世纪初，福特成了世界上最大的汽车公司，业务步步高升。

本来前景一派大好，可是几年之后，小福特就辞退了康德森、米勒、艾柯卡等公司总裁，将公司全权掌握在自己手中。小福特犯了祖父犯过的错误，越来越独断专行，最终遏制了福特公司的发展，营业额也大大下降。20年后，福特在美国的地位逐渐被美国通用汽车公司超越。

管理者在用人上正确与否，决定了企业的成败。只有打破用人唯亲的观念，用人唯贤，企业才会有所发展。其实，让有能力的人做事，也是管理好下属的关键所在！

二、宁愿不授权，也不能乱授权

授权时，要根据具体的工作内容来选择授权对象。没找到合适的对象之前，宁愿不授权，也不能乱授权。

一天，动物园的管理员发现袋鼠从笼子里跑了出来。将袋鼠重新抓回笼子后，管理员们聚在一起开会，最终得出结论：袋鼠之所以会跑出笼子，是因为笼子太低。为了解决这个问题，他们决定将笼子的高度由原来的 2 公尺加高到 2.5 公尺。

第二天早上，管理员又发现袋鼠跑出了笼子。又一番商量后，他们决定将笼子的高度加高到 3 公尺。

第三天早上，管理员出来查看，结果又看到了在笼子外奔跑的袋鼠，而且数量似乎比前两天还要多。管理员感到异常紧张，决定一不做二不休，将笼子的高度加高到 4 公尺。

长颈鹿看着人们的举动，感到百思不得其解，问袋鼠："你猜，这些人会不会再继续加高你们的笼子？"

"很难说……"袋鼠说："如果他们再继续忘记关门的话！"

不是笼子的高度出了问题，而是因为管理员忘了关门。这是多么糊涂呀！

作为管理者，不可能也没有能力去总揽各项事务，授权同样如此，必须按照轻重缓急把工作交由相应的下属去办。在作出决定之前，必须综合考虑多种因素。比如，下级对领导者授予的权力，不一定都会欣然接受，下属人各有志，不可勉强，勉强授权往往很难取得成效，因此管理者要把权力授予愿意接受权力的人。

1. 了解选择对象的特点

选择正确的授权对象是极其关键的一步，管理者应该将权力授予那些品德好、有能力的人。因此，管理者在授权之前要对授权对象进行细致考察，了解他们的特点、强项、弱势等。在选择授权对象的时候，要注意授权对象的承受能力。只有经过精挑细选，授权才能产生效果。

2. 选准对象，视能授权

选择授权对象，要坚持德才兼备的原则，既要考察授权对象的政治素质，又要考察其实际才能。选定授权对象后，要根据其能力大小和个性特征适当授权。对于能力强的人，要多授予一些权力；对于能力相对较弱的人，不宜一下子授予重权，以免出现重大失误。性格外向的人，适合处理人际关系及部门间沟通协调的问题；性格内向的人，宜授权他分析和研究某些具体问题。

3. 授权对象的唯一性

授权要安排合适的人做合适的事情，一旦工作出了问题，授权对象就是需要对事情负直接责任的人。在选择授权对象的时候，一定要有唯一性，否则出了问题，很难找到直接责任人。

权责对等，确保工作顺利开展

授权能够解决下属无权的问题，有利于调动下属的积极性。但，有权的同时必须有责，即明确告诉授权对象应负哪些责任。并且，权责还应对等，员工权力大而责任小，大权在握，可能就会随心所欲，为所欲为；员工权力小而责任大，权力不够，有些工作就可能无法顺利开展。

一、什么是权责对等

所谓权责对等，就是在一个团队中，员工拥有的权力应当与其所承担的责任相匹配。

权责对等原则的内涵主要包括如下几方面内容：

1. 员工拥有的权力与其承担的责任应该对等

所谓"对等",就是相互一致,即不能拥有权力,而不履行其职责;也不能只承担责任而不予以授权。

2. 向员工授权是为其履行职责所提供的必要条件

合理授权是贯彻权责对等原则的一个重要方面,必须根据员工承担责任的大小授予足够的权力。员工工作质量的高低,不仅取决于其自身主观努力和综合素质,与上级的合理授权也密切相关。

3. 正确选人和用人

管理者必须委派恰当的员工去承接某个职务或某项工作,人和职位一定要相称;要根据员工的素质和平时工作表现,尤其是责任感的强弱,授予他适合的管理职位和权力。

4. 严格监督,做好检查

对员工运用权力和履行职责的情况必须进行严格监督和检查,掌握员工在任职期间的真实情况。员工渎职,管理者就要承担两方面的责任:一是选人用人不当,二是监督检查不力。监督、检查主要由管理者履行。

二、权责对等与绩效管理的关系

权责对等原则的贯彻和落实,对管理绩效有着重要影响。从系统的观点来说,影响管理绩效的主要因素有:员工的责任和能力、管理者的领导水平、任务和目标、完成任务的资源条件、环境、管理者应得的利益。这样"上级—管理者—员工",组成了一条管理链。管理链有长有短,管理链愈长,出现问题的可能性愈大。

贯彻权责对等原则,为员工做好工作提供了必要条件,同时也对员工从两个方面进行了约束:一是不能滥用权力;二是强调了员工的责任,在其位要担其责。但是,这类约束是自我约束,依赖于员工高度的自觉性。对管理者来说,这条原则的贯彻和落实,必须做好以下四个方面的工作:

正确选人，并予以授权；明确员工的责任和要求，确定目标和目标值；合理地确定员工报酬；监督和检查执行情况，出现问题要及时处理。

如果一条管理链出现了问题，一般会出现两种可能的情况：一是某个环节出现问题，二是环与环的连接处出现问题。多个环节同时出现问题的概率比较低。权责对等原则不仅会对各工作环节的效能产生重要影响，还会对管理环节之间的连接产生重要影响。

三、权责对等原则存在的问题

在贯彻责权对等原则的过程中，主要存在这样几个问题：

（1）员工有职有权，但没有履行全部职责。这类员工工作责任感不强，典型表现是对分管的工作不努力完成，喜欢推诿。一个团队中，只要存在了这样几个员工，组织目标就不可能全面实现。

（2）工作责任重大，但员工没有足够的职权。

（3）员工利用职权谋取私利。少数员工不是利用极力履行其职责，而是以权谋私，给企业造成巨大损失。

（4）员工不善于使用权力，不能完全履行其职责。有些员工工作上可能很努力，但因为能力有限，才与职位不符。只有改革用人机制，才能彻底解决这类问题。

四、权责对等原则的落实

要想认真落实权责对等原则，就要认真完成以下几项工作：

（1）开展普遍教育，增强员工的责任意识。

（2）选人、用人是关键。如果是一位素质较高、责任感强、业绩卓越的员工，那么在正常情况下，他就会正确地使用授予的权力，很好地履行其职责。反之，亦然！

（3）责任尽可能量化。员工的责任明确，有利于工作的全面完成和正确评价工作绩效，也可以防止推卸责任和减少投机升职情况的出现。

（4）建立有效的监督机制。员工的工作必须接受各方面的监督，包括上级监督、同级监督、群众监督、社会监督、新闻监督等，但应以上级监督为主。

（5）实行责任追究制度。如果员工没有尽责，必须追查原因，并按实际情况予以相应的处罚。

相互信任，不要轻易干预下属

合理授权是管理的重要基础，但是，对于那些比较自信的管理者来说，要将自己曾经负责的工作授权给他人，总会感到难以割舍，特别是当这项事业是自己首创时，更是如此。即使接管自己事业的是大家公认的精明干练的下属，但管理者心里总会对对方持怀疑态度，总会有个声音在耳边喊："他不行，他不了解我的事业，不明白我的方法。"这时候，管理者应该怎么办呢？

美国内陆银行总裁D·拜伦指出："授权他人后就完全忘掉这回事，绝不去干涉。"后来，人们把它称为"拜伦法则"。在企业管理中，管理者必须学会授权，如果授权以后还猜疑员工，那不如不授权。

张涛是一家广告公司的老板，一次跟朋友小李谈及近况，他抓抓头顶日渐稀疏的头发，用好像永远没睡够的眼睛瞪着小李说："最近忙死了！新品马上就要上市，产品定位、广告创意、软文写作、活动设计、物料制作……烦不胜烦；每天还要巡视市场、拟定促销方案、筹办媒体购买和执行促销活动……真是太忙了！"

小李问："兄弟，你公司不是有 20 多个员工吗？"

"他们都有自己的事做，况且有些事他们也做不了……"

其实，事实并非如此。当张涛坐在办公室忙得不可开交的时候，多数下属都在浏览网页或玩手机。

小李平时没事总会去张涛的公司转转，一来二去，就跟几位员工熟了。通过聊天他才知道，多数员工都认为张涛不信任自己，虽然给了权力，却总是指手画脚，不管做什么，张涛都不满意，索性他们就不做了，反正月底工资还是照样领！有些有志气的人，觉得没有发展空间，就辞职了！

给员工授权，就要用人不疑，充分信任员工，要相信他们对事业的忠诚，放手让他们工作，使其敢于负责，大胆工作。管理者权力运营的最佳手段是抑制而不是放纵自己的权力，且职位越高越应如此。管理者是带领下属完成目标的人，更是最大程度挖掘和调动下属积极性的人。既然已经授权给了下属，就要相信自己的眼光，相信下属也能把工作做到最好。

实践证明，管理者抑制自己干涉的冲动反而更容易使下属完成任务，同时这也是发掘员工能力的重要途径。很多管理者之所以无法完成有效的授权，是因为他们心里有很多顾虑，致使授权无法成功进行。所以，要想成为一名优秀的管理者，就要打破心中的疑虑，放心地授权。

授权的前提是信任，当你把工作交给下属后，就不要过多地干预，除非下属出现严重的错误需要及时处理，否则就要让下属感觉自己是工作的主人。

一、批驳乱进谗言的人

企业管理中出现的信任危机大多来源于好事者、多疑者、挑拨者、离间者等人向管理层的进言。如果管理者不信任言语所指的对象，那么信任感就会降低。批驳进谗言者，继续信任"受害者"，才能得人心；失去信任，终止信任行为，信任感就没有了，员工自然也会对你不再信任甚至离你而去。

故事1：

朱越诬陷卫臻曾与他密谋造反，曹操虽然生性多疑，但也没有相信，于是朱越的谗言不攻自破；有人捏造程昱谋反，曹操却给他赏赐了很多东西，结果程昱更加忠心；有人告蒋干图谋不轨，曹操立即驳斥他听信谗言。

故事2：

诸葛瑾与诸葛亮是兄弟，一个忠于孙权，一个为刘备效力。有人怀疑诸葛瑾通敌卖国，孙权说："我相信他不会。"

在别人进献谗言时，曹操和孙权当即切断疑人之路，这种精神难能可贵。因此，在听到他人对某个员工的非议时，一定要谨慎思考，不要被别有用心之言动摇。

二、远离议论别人的人

一些管理者听风就是雨，有的还以匿名信为据乱查无辜，根本原因还是对所用之人缺乏基本的信任，不懂得要断"知短"之路。如果听到有人进献谗言或议论别人短处，要不接受，断然拒斥。即使听到他人议论员工短处，也要淡然处之，不予理睬。这种冷处理，不仅能表明管理者用人不疑的态度，还可以免除杂言秽语对用人部署的干扰，可以净化用人环境，让人把注意力集中在工作上。

三、漠然处之，给下属机会

在某些情况下，尤其是下属出现了一些无关大碍的错误行为时，管理者在已经察觉的情况下，可以断绝自己进一步了解或彻底调查的"知情"之路，淡然处之，这样，既给了下属一次机会，又可以换来下属的忠心。

官渡之战时，曹操缴获了许多部将写给袁绍的效忠信，这些人都是想在兵败时给自己留一条退路。获胜后，对这些信曹操看都没看一眼，命人一把火烧了，既割断了下属的后顾之忧，也断了自己的"知情"之路。

记住，不管在任何时候，收拢人心都是非常重要的。从这个角度上来讲，管理者最应该遵从"用人不疑，疑人不用"的用人原则，授权的时候，千万不能怀疑员工。

授权后，不忘约束和监督

授权不等于撒手不管，不是让下属想怎么做就怎么做。授权之后，虽然管理者不能过多干预下属，不需要下属事事汇报，但基本的工作汇报还是需要的。而且作为上司，本就应该关注下属的工作进展，发现不对劲的苗头时，及时干预，帮他们纠正错误。当发现下属的工作偏离预期轨道后，应及时采取补救措施，以免在错误的路上走得太远。

海尔公司的管理层对员工的监督控制主要体现在三个方面：首先，员工要主观上保持自我监管意识，做到自我控制和约束；其次，在客观上，企业建立了充分的控制体系，对员工的工作方向、工作目标进行严格控制，避免出现方向性的错误；最后，对员工工作的具体层面进行监控，避免员工出现违纪违法情况。

为了做好这种监控，海尔对员工设置了三种监督手段：自我检查，员工要积极进行自我约束监督；互相检查，员工之间相互进行约束和监管；专门检查，考核部门进行检查和监督，对员工的工作进行绩效考核。

另外，对于员工的考核共分为五项指标：自清管理，创新意识和发现解决工作问题的能力，客户评价，个人对财务的整理能力，所在部门或小组的经营状况。管理者需要对这五项指标进行不同权重的打分，并计算出最终得分。

对员工进行授权，必须对其中的轻重缓急加以权衡，要明确哪些是可以让员工做的，哪些是必须加以管控的。

正确的授权并不是全权放任、撒手不管，而是保留某种控制程度的授权。授权是一个系统的管理保证体系，是一个密切的闭环系统，不仅要授予给下属权力和责任，还要按照授权项目计划定期对授权的执行情况进行监督。

这种监督与检查不是走形式，而是真正意义上的监督；不是简单地给个评语了事，而是要了解授权执行的具体情况；出现问题后，要及时收取反馈并作出调整。

权力的收和放是一个矛盾体，收得紧，员工就会失去创造性；放得太过，可能会让工作失控。管理者不仅要懂得放权，还要懂得放到何种程度，准确的放权之道就是：一手软，一手硬；一手放权，一手监督。

没有监督机制的授权是不完整的授权，那应该从哪几个方面去监督下属的工作呢？

一、用信息化系统替代监管职能

管理者要充分利用信息化系统，尽可能地把业务流程与逻辑公开化和系统化，通过表格、数据、时间节点等来确认与定位。如此，工作中一旦发现错误，便可及时依据信息化系统进行处理。

（1）人为不小心出错。要尽可能降低录入数据的步骤，或通过扫码把数据收集并传递出去。

（2）人为故意造假。在员工面试和试用期阶段时，要格外重视考虑其诚实的品质，同时，在试用期间观察员工是否言行一致。

二、查看目标与现实之间的差距

经常问问自己：

我团队中的员工各自的能力怎样，目标与现实之间的差距，他们是否有能力去弥补？他们用的方法与手段是什么，这样做会带来什么样的风险？他们的个人成就动机是什么？钱？权？成就感？自我证明？经常思考这些问题，抓住员工的成就动机，激励他们努力工作。

定期与员工进行一对一的沟通，了解工作进度以及遇到的困难，看看他们是怎么处理的，是否需要提供方法与资源去协助他。员工的工作是否卓有成效？是否需要培训？遇到困难，员工是否会缩手缩脚，每天反馈的日报是否能看到工作在一点点改善。如果没有，激励的方法是否到位？

一旦发现员工在目标与现实之间存在差距，就要让他们将这个差距缩小甚至填上。

三、确定对工作有益的关键指标

假设有3~5个指标，问问员工：这些指标之间的联系是怎样串起来的，应该怎样设置连环串接？在做一项工作时，肯定会有几个关键性指标，一旦指标出了问题，业务运作就会出现问题，就要采取一些措施来改正。这时，要把关键指标写进每天的考核里，让员工想办法把这个关键指标做好。几个关键指标之间，又是通过某种逻辑与关系串联起来的，要通过连环问题的设置，向下属提问，最好是面对面发问，根据下属的表情与回答，就可以判断出下属有没有把这些工作指标搞清？

四、引入第三方机构进行核查

可以引入第三方机构，或从偏远的部门调人过来，对工作结果作质检；也可以通过电话咨询、网络调研、直接提问客户等方式来收集客户的满意度，看看哪里做得好，哪里做得不好。

五、触碰底线的员工，直接开除

在团队的文化里，要注入真诚和社会责任感，让员工做对客户有用并有意义的事，不能为了赚钱而损害客户的利益。一旦发现有人触碰法律与道德底线，损害客户和公司利益，应立刻辞退。其他员工看到损人的代价如此大，就不会以身试法了。

收大权放小权，挖出员工潜力

真正高效的管理是抓大放小，管理者只关心重要的核心事务，不重要的分权则应分给员工处理。

一、"抓大放小"是科学授权的需要

有这样一则故事：

春天，西汉丞相丙吉外出，看见一群人在路上斗殴，他不闻不问，继续前行。他又遇到一个赶牛者，牛喘吐舌，他停下来，派人去询问原因。随从不明白，丙吉解释说："民斗相杀，是长安令、京兆尹要管理的事。现在正是春耕时节，天还不太热，看见耕牛口吐白沫，是不是'时气失节'？国泰民安是关系到国计民生的大事，是丞相职责所在，因此问明。"

这则故事反映出一个管理问题，即授权是抓大放小，还是事必躬亲，面面俱到？

"抓大放小"是管理者授权的需要。企业运转依赖于各部门的有机结合、有序运转，部门负责人是保证各项工作上传下达的关键环节。要想让各岗位都运转起来，使员工各尽其能，有责有职有权，凝聚合力，形成一支有战斗力的团队，促使每个人全身心地投入工作，管理者就要善于放权、勇于放权，让员工发挥应有的积极性和主观能动性，用个人的智慧和力量推动团队向前发展。

员工各司其职、各负其责，管理部门的作用才能得到真正发挥。如果管理者事无巨细，不分事情大小，都去授权，就会弱化了职能部门的岗位作用。长此以往，管理者放权过多，监管不力，下属就会变得无法无天。

作为一个管理者，应该把时间和精力放在该管的大事上，将小事授权给下属。记住，"抓大放小"是一种管理智慧，更是一种高效的授权手段。

二、"抓大放小"是一种科学的授权方法

如果管理者事无巨细、样样过问，凡事都要一揽到底，那么就会每天都忙碌辛苦，抓决策、抓大事、管全局，同时对实施过程、计划步骤等细节都不放过，表面上看来率先垂范、尽职尽责，忙得像个"消防员"，实际结果却往往事与愿违，经常会出现"自己累得像陀螺，下属闲得像野鹤"的现象。

不是下属不想管，而是管理者管得太细太具体。如果职责部门管，领导就会不放心不放手；如果不管，就会责任缺失。结果是领导很累，下属憋屈。

"抓大放小"并不意味着不管不问，而是要提倡一种科学的领导方法。每个人工作时都要面对大大小小的事情，如果不进行统筹安排，很可能手

忙脚乱，事情还是一团糟的情况。企业管理要达成的就是协调，如果事情不分大小轻重，眉毛胡子一把抓，则可能事倍功半。

　　管理者要处理的工作繁杂、千头万绪，但个人时间、精力有限，不可能万事包揽，应集中精力抓大事抓全局，统筹协调各方面、各环节，着眼长远，规划未来，该放手的就放手，该由下属去做的放心"甩手"。事必躬亲，只能遏制了员工的激情和创造性。

Part 5　激励管理：
激发员工的工作热情，让团队成为一团火

将你的热忱融入到团队管理中

热情是管理者对自己所做的事和追求的目标怀有的激情和渴望，是克服一切障碍和困难的原动力，是执行力的基石。在团队管理中，如果管理者不能把全部的热情和能量集中到一系列具体的工作中，那么就很难攻克团队发展中的难关。

稻盛和夫大学毕业后，进入了松风工业。进去之后他才知道，这家公司已经连续亏本了十年。

想到自己好不容易进入这家公司，跳槽也难以找到满意的新工作，稻盛和夫只好留下来。他知道，满腹牢骚没有任何意义，干脆就把灶、锅搬进了研究室，沉下心来研制新型陶瓷。

他对工作充满了热情，忘记了全部的苦累。一年下来，终于成功研制了"U字形绝缘材料"，使公司获得了松下公司的订单。这次成功让稻盛和夫坚信"只要心中有强烈的热情和愿望就能成功"。

激情是工作的灵魂，是团队的活力源泉，是个人和团队成功的基石！传递激情，管理者就能成就梦想！

让激情在团队内扩散、流淌、传递、飞扬，是管理者的职责，也是管理成功的秘诀。对于管理者来说，衡量他能否将团队管理好的一个重要指标是：能否将自己的热忱融入团队，把员工的工作热情调动起来。

事实证明，世界上所有伟大的企业都有一位充满激情的领导者，如GE的杰克·韦尔奇、沃尔玛的萨姆·沃尔顿、苹果的乔布斯等。这些卓越的商界领袖具备一项共同的特质：在工作中永远满怀热情，从不知疲倦。他们不仅善于用激情来激励自己，还善于运用和调动激情，将员工的积极性放大，使员工创造出意想不到的业绩。

激情，是聚集人才的重要手段。而要想将员工的热忱调动起来，管理者就要先将自己的热忱融入团队工作中。

一、每周一次上下级沟通

每周一次的沟通不仅不会浪费时间，在你来我往的沟通中，还能够及时发现问题，很好地促进双方感情。沟通中，要想办法让员工打开心扉畅所欲言，让员工大胆地说出自己在工作和生活中遇到的问题，以调节上下级关系，激发员工热情。

二、每周一次公司沟通

公司的具体工作往往都要分配到员工头上，所以多数员工都是负责自己的版块，而对公司的其他情况并不了解。每周进行一次集体沟通，也可以让员工更加了解公司的整体状况，特别是一些重大事件、优异业绩等，这样能振奋人心，让员工更有归属感，激发出工作热情。

三、新员工用导师制

刚入职的员工一般都会感到陌生、害羞或难以融入。在工作方法、制度等方面都需要一个熟悉的过程，如果对新员工照本宣科地进行培训，会非常影响进度，这时最好设立"导师"，帮助新员工。迅速了解公司情况，让新员工迅速融入团队，焕发出激情。

四、让工作更具挑战

工作太过平庸，很多人都容易感到厌烦。一成不变的日子会让员工丧失热情，所以，适当增加工作难度，也是一个激发工作热情的好办法。因此，在员工的能力范围内，可以让工作变得繁复一点；可以适当地给员工权限，让他们参与到重要的工作中。如此，不仅会激发员工的工作热情，还会让员工得到锻炼。

五、成立兴趣小组

兴趣小组类似于学校社团，让有共同爱好的人聚在一起，如读书组、绘画组等。当然，这些小组最好是跨部门成立的，同时公司给予一定的经费支持。如此，就能促进各部门员工之间的交流沟通，增加公司的凝聚力，让员工更愿意为公司付出。

六、提供更好的服务

要想员工对工作充满热情，就要让他们在公司有家的感觉，管理者要在公司的硬件和软件上下功夫。比如，提供休息室、娱乐室等供员工放松；提供零食水果等，让员工加班或饥饿时果腹；和一些商家合作，提供一些优惠券等，这些都会让员工更好地体会到公司对他们的关爱。

七、更加弹性的工作

随着社会的发展，很多传统的工作方式已经不再实用。传统方式相对固化，缺乏灵活性，可能导致员工无法发挥自己的能力，从而丧失工作热情。适当地让工作计划更具弹性，让员工拥有更多自主权，更能够激发员工本身的工作能力与热情。

八、主动给员工加薪

赚钱，是员工工作的首要目的，加薪自然也就成了最直接最简单的激励方式。但是，加薪要有针对性，最好根据指标、制度等来决定。让员工为自己定一个目标，让他们明白付出会获得更好的收益，他们自然就会卯足干劲。

激发员工工作热情的方法其实有很多，但作为一个管理者，最重要的是学会换位思考，站在员工角度，想想他们需要从工作中得到什么。如果懂得换位思考，那调动员工的工作激情与积极性，也就是小菜一碟了。

坚持任人唯贤，而不是任人唯亲

感情是人类的本性，在认识事物和处理问题的时候，感情上的亲疏远近对事物的认识正误与深浅会产生很大的影响。《韩非子》中的一个寓言故事就是用感情来认识和判断事物的典型。

富人家的墙被雨淋坏了，儿子和邻居家的一位老人都劝他修墙防盗。富人没有重视，结果丢了东西。富人怀疑是邻居家老人偷的，却认为自己的儿子很聪明。很简单，因为儿子与他有血缘关系，对儿子的深爱，使他认为儿子料事如神，怀疑邻居老人是贼。

由此可见，富翁判断事物不是依据事物的本身，而是根据感情的亲疏。重感情而没有理性思考是导致他对事物认识出现偏差的根本原因。

任用下属时，如果任人唯亲，很可能会让一些无德无能的人混入队伍，而让真正的有志有才之士被拒之门外。如此，将无益于团队的发展。

管理者在选拔、任用人才时，必须以才能作为第一考量标准，当任人唯亲让位于任人唯贤时，一定会让团队生机勃勃。任人唯亲，必然会让其他人感到不满，对公司的发展百害而无一利。

要想让团队不断成长壮大，管理者必须懂得任人唯贤的重要性，并且能真正在团队经营过程中做到任人唯贤。世界顶级管理大师松下幸之助说："任用年轻人时，不仅是授予职位，叫他好好努力，还要给予适当的协助。这一点很重要。经营者如果没留意到这一点，公司业务就无法顺利进行。"管理者必须得到得力人才的辅佐，才能做出成绩。比如，李嘉诚就善于用人，唯才是举。

20世纪80年代中期，李嘉诚的长实（长江实业）集团的管理层基本上实现了新老交替，多数部门负责人都是30~40岁的少壮派。其中，最引人注目的是霍建宁。

霍建宁擅长理财，主要负责长实集团的财务策划。他处世较为低调，认为自己不是冲锋陷阵的干将，而是专业管理人士。李嘉诚很赏识他的才学，长实集团的重大投资安排、股票发行、银行贷款、债券兑换等，都是由霍建宁亲自策划或参与决策的。这些项目动辄涉及数十亿资金，亏与盈都取决于最终决策。

李嘉诚对霍建宁异常器重和信任，因此霍建宁本人的收入也很可观，年薪和董事基金，再加上非经常性收入，年收入可能在1000万港元以上。1985年，李嘉诚委任他为长实董事，两年后又提升他为董事副总经理。此时，霍建宁才35岁。

感情会对一个人的认识产生这样或那样的影响，但只要时刻保持清醒的头脑，依据客观事实，在理性的指导下去认识事物和处理问题，就一定能正确地认识世界、改造世界。

管理者是否得人心，关键看他怎么用人。只有有识人之明，并且任人唯贤，团队的风气才会正，员工才能心无杂念地努力工作，人际关系也不会那么复杂。相反，如果用人不察，甚至任人唯亲，让溜须拍马的小人之辈大行其道，团队就会被搞得乌烟瘴气，歪门邪道就会层出不穷！

团队取得的成功，大多都是其人才战略的成功。要想巩固已取得的成果，并在更高的起点上有所作为，必须依赖于有效的人才战略。而要实施好人才战略，管理者首先就要牢固树立以下四个人才理念。

一、爱惜人才

人才是事业成功之本，不爱人才，一切都无从谈起。所谓爱才，就是重视人才、尊重人才、重用人才。

如今，很多团队都将"是否具有爱才之心"作为衡量一个管理者基本管理素养的重要标志。而这一点往往可以从他周围所聚集的人才中看出来。唐太宗早就告诉我们，管理者"用一个好人，别的好人就都来了；用一个坏人，别的坏人也跟着来了"。因此，真正有爱才之心的管理者必须"远小人而亲君子"。要想成为合格的管理者，就要将人才当作最重要、最稀缺、最宝贵的资源，要像爱护自己的眼睛那样去爱护人才。

二、认识人才

识才是任人唯贤的前提，也是现代管理者必备的基本素质。管理者是否能慧眼识才，直接关系到其事业的成败。

东汉末年，群雄并起，争创霸业，汉室宗亲刘表占据荆襄九郡，实力雄厚，且当时有名的水镜先生、诸葛亮及庞统等奇才都在其境内，可谓占尽天时地利人和，理应有所作为。但因其不能识才，几名奇才得不到赏识和重用，最后纷纷投奔了别人，其本人最终也落得个身丧子降、基业断送的下场。相反，刘备却因慧眼识才，先得徐庶，后得孔明、庞统，从而成就了一代霸业。

三、聚合人才

能否吸引人才，组成一个聚才磁场，并通过这个磁场的辐射，打造一个多层次的聚才圈，是管理者能力强弱、水平高低的集中体现。

良禽择木而栖，良臣择主而仕！真正的人才不会轻易附和，不会趋炎附势。要想聚集真正的人才，就必须有求贤若渴的精神。刘备若不三顾茅庐，就得不到孔明；萧何若不月下苦追，就得不到韩信。现实生活中亦不乏孔明、韩信之才，能否求得，关键取决于管理者是否诚心爱才，是否能聚才有道。

四、使用人才

用人之长，避人之短，是用才之首策。朱元璋曾经说过："人之才智或有才于彼短于此者，若顾其短而摒其长，则天下之才难矣。"他认为"任人之道，因才而授职。譬如良工之于木，大小曲直，各当其用，则无弃材。夫人亦然。有大器者或乏小能，或有小能，不足以当大事，用之者，当审查其宜耳。骐骥之才，能历险致远，若使攫兔，不如韩卢。铅刀之割，能破腐朽，若解全牛，必资利刀。故国家用人，当各因其才，不可一律也。"这充分说明，人各有长短，只有用其所长，避其所短，才能人尽其才，才尽其用，用尽其妙。

员工有了进步，就要作出称赞和表扬

赞美和表扬是对员工最直接的肯定，任何一名优秀的管理者都懂得在恰当的时机运用这门艺术。对某些表现优秀的员工提出表扬，不仅能对员工的贡献作出最大肯定，还能提升员工的荣誉感、地位与存在感，进一步提高其工作积极性。因此，一旦发现员工有了进步或成绩，就要对他表示称赞。

经理让李莎到某区域进行市场调研，工作开展一段时间后，李莎向经理进行阶段性工作汇报。

汇报完成后，经理对李莎说："你列出的竞品目录非常详细，而且部分调研数据能深入二三级市场,对我拟订未来的市场方案很有意义。"他微笑着看着李莎,停顿了一下说:"这件工作交给你我非常放心。"

李莎惊喜地望着经理,眼睛闪闪发光。

"以后要继续加油哟!我看好你。"经理站起来,轻轻地拍了拍李莎的肩膀,说:"另外,随时进行阶段性汇报是一个很好的习惯,非常棒!"

李莎得到了肯定,工作积极性大大提高。她保持着阶段性汇报的好习惯,并根据计划稳步推进工作,出色地完成了调研工作。

员工在工作上最大的追求就是得到认可和赞许,看到他们取得了一定成绩,对他们进行表扬,无疑是对他们最直接的肯定。

美国著名管理学和组织行为学权威斯蒂芬·P·罗宾斯在其畅销书《管人的真理》中提到,为了发现什么是最有力的职场激励因素,他们对1500位来自不同岗位的人进行了调查。这些人给出的答案是:认可、认可,还是认可!另一项研究也发现,员工认为管理者对他们工作佳绩表达的谢意是各类激励因素中最重要的。称赞和激励对员工的重要性由此可见一斑。可是,在现实管理过程中,多数管理者却很少对员工表示称赞,大部分都会挑员工毛病,甚至对员工吹毛求疵。既然认可和赞赏这么重要,那为什么不去认可或赞赏自己的员工呢?

下面就给大家介绍几种表扬的原则与技巧。

一、公开表扬,对事不对人

称赞员工的时候,是不是要公开,要根据具体情况来定,不能一概而论。如果表扬了一个人,会打击一大片,当事人也不会觉得受到表扬是一件多么光彩的事,这时表扬就会起到消极影响。对员工进行称赞,要注重团体的价值和行为,不能将个人作为关注的焦点和方向。所以,表扬员工,要称赞员工做的事;表扬员工,要重视他对团队的价值。

二、公开表扬，先私下进行

如果员工的贡献和业绩非常突出，可以当着众人的面，对他进行公开表扬，树立一个典型，倡导一种精神，宣扬一种价值。但公开表扬员工前，最好先私下单独与他谈一次，甚至可以提前做一些"铺垫"，在一定的范围内形成共识，再进行公开表扬。如此，员工就会从管理者那里感受到信任，增加表扬的"隆重"与"惊喜"感，让表扬更加出彩。

三、要表扬，就不要有批评

既然要表扬员工，就不要含有批评的味道，也不要说"但是"一类的话。又表扬又批评，员工往往只会记住"批评"，而忽视了"表扬"，自然也就无法达到"表扬"的目的。其实，表扬就是一种给予，需要热情洋溢，需要理直气壮，不能吞吞吐吐，更不能含沙射影，好像这样做有什么为难。让员工觉得"不应得"，心里不痛快，不敞亮。

四、私下表扬，对人不对事

如果觉得某些员工表现突出，值得欣赏，但又不适合公开表扬，就可以私下进行表扬，与员工私下沟通一番。特别是对自己的亲信或身边人，更不要公开进行表扬，否则亲信和身边人容易被孤立。之所以要进行私下表扬，更多的是为了传递一种赞许和信任：你很优秀！私下表扬着重于个人的成长，当然也可以借机向员工提出进一步的期望和目标。

五、关注员工的所思所想

表扬的最高境界就是随心所欲，但这不是说你想怎样就怎样，而是要用你的心去追随下属的心，让下属的心为你动起来。好的表扬一定能够说到员工心里去，仿佛知道员工在想什么、需要什么。比如，员工是个积极上进的人，可以把他带到老板面前夸夸他，更加激发他的上进心；如员工远离家乡或很少回家，就可以在他的父母或家人面前表扬他，这样更容易打动对方，也能让他更加安心工作。

六、表扬要及时，不能拖

及时表扬员工在工作和行为上的好表现，不仅能让员工感受到公司的认可和重视，还有助于强化员工的好行为。过一段时间再表彰和赞扬，激励效果就会大打折扣。及时有效地肯定员工的劳动，员工就会觉得自己的付出没有白费，这也有利于满足员工的精神追求，能够激励他们的工作激情和动力。

给员工一些压力，让员工对工作更倾心

美国俄亥俄州立大学的科学家曾做过一个实验：

在动物实验中，科学家将实验小鼠放到压力下，让它们与脾气暴躁易于攻击的大鼠一起相处六天，然后给小鼠注射感冒病毒。实验显示，这种状态一共持续了六天，受到迫害的小鼠比正常小鼠表现出更强的抵抗病毒的能力。科学家由此得出结论：压力是我们应对突发事件的本能反应，适当的压力可以刺激人类的免疫细胞，使人类产生更多的抵抗能力。

确实，某些压力能提高人体的免疫能力。没有压力，就没有动力；没有动力，就没有工作积极性。

某天，一个人爬到高山之巅，看到一个鹰巢，顺手将一只幼鹰抓出来，带回了家。

幼鹰和鸡生活在一个笼子里，一起啄食，一起嬉闹，一起休息，它一直以为自己是一只鸡。

幼鹰渐渐长大，羽翼丰满了，主人想把它训练成猎鹰，可是由于它整天都跟鸡在一起，已经变得跟鸡完全一样，根本没有想飞的欲望。主人试了各种办法，都毫无效果，最后把它带到山顶上，一下子将它扔了出去。

鹰像块石头似的，直掉下去。慌乱之中，它拼命地扑打翅膀，结果居然飞了起来！

过度的工作压力，会让员工的自信渐失，成就感也无从谈起；过于宽松的管理方法，会让员工没有被重视的感觉。自律能力较低的员工，没有适度的压力，会变得懈怠和敷衍；只有给员工一些压力，并让他们感受到，完成工作后他们才会产生成就感。

团队管理中，管理者本身承担的压力并不少，为了给自己减少压力，为了对员工进行鞭策，就要将部分压力转移给员工，让他们不要过得太安逸。很多员工都是被动型的，一切按照管理者的指令和态度行事，如果任由他们自由生长，那么就会不加督促，对公司、对管理者和员工，都有害无益。

当然，给员工压力的方式既有口头上的，也有行动上的，管理者要及时询问工作细则，及时提醒员工计划，让他们作出实质性的报告。对于一些自制性和自律性较差的员工，必须不断地给他们安排新任务，引导他们订立新计划，执行管理者的指示命令，与同事协作，齐心协力把工作做好。

管理者的责任便是针对不同的员工施以不同的鞭策方法，让每一个员工都在适度的压力下工作。那么如何做到这一点呢？

一、巧妙安排任务

为了实现激励下属工作的目的，多数管理者都很少使用生硬的口气，行政命令越来越少。因为优秀管理者的情商都比较高，他们心里都清楚，下属对工作都有天然的抵触情绪。所以，他们在安排工作之前，对下属的态度都比较友好，特别是节假日期间，还会主动问候下属，关心下属的生活细节，其实真正的目的是为了让员工更好地工作。在下属放松警惕的时候，管理者适时提出工作任务，那么在和和气气的氛围中就能完成复杂的问题。

二、闲时过问细节

管理者掌握着企业的众多资源，有着较大的话语权。每个下属都不希望管理者过度关心自己，尤其是工作的细枝末节。如果管理者亲自过问工作的细节，员工就会觉得自己不被信任。有些员工会觉得，管理者只要安排完工作就万事大吉了。这时候，管理者可以默不作声，但不能不密切关注。一旦发现员工的工作有问题，就要找个恰当的时机过问他工作的细节。对于下属来说，这是领导传导压力的必备套路。

三、督促员工改进

管理者一般都讨厌对工作不重视的下属，员工没有压力，定然会犯错误，影响整体工作效率。针对这类员工出现的问题，有的管理者会侧面提醒，但有些员工仍然我行我素，这只能将管理者激怒。为了给下属一定的压力，可以在公共场合直接指出来，让下属难堪，甚至没有台阶下，比如，会上当众点名。任何下属都无法抵挡这种黑脸冷落的套路，这时候对于下属来说，只有顺从才是最好的选择。

四、进行全员考核

在一个团队里，被管理者当作典型，员工会感到很难受。管理者的态度和言行举止，对整个队伍都有着深刻的影响。如果管理者带头冷落某一个下属，其他成员一般会盲目跟风，没有人会追究管理者的对与错。在所有的套路中，全员考核是一种非常明智的方式，能够调动大家的力量，对不听话的下属施加压力，如此，表面上不得会罪任何人，即使有些员工受到不公正的待遇，也无话可说。

五、用好处引发失衡

很多管理者特别会做人，既不会当面批评工作不力的下属，也不会在公众场合评头论足。他们常用的套路是：给工作努力的人更多的资源，为工作成效大的员工提供晋升的机会。这样做的好处是，错过资源和机会的下属，必然会心态失衡，只有奋起直追，才能重新得到管理者的认可。

当然，凡事都有两面性，工作压力过大也有负面影响，比如，令人精神紧张，出现反抗、愤怒的心态。但适当的工作压力又能让员工更进取，更全面地投入工作，对个人和团体都有利。因此，可以根据具体的环境需要，对员工施加不同程度的压力。

引入外部竞争，让员工自己行动起来

关于外部竞争的引入，管理界中最有名的就是——沙丁鱼的故事。

挪威人喜欢吃沙丁鱼，当地很多渔民都以捕猎沙丁鱼为生。沙丁鱼只有活的才鲜嫩可口，如果抵港时还活着，卖价要比死鱼高出很多倍。可是很多时候，还没到岸，沙丁鱼就已经口吐白沫。为了让沙丁鱼能够活着上岸，渔民想了很多办法，但都失败了。但是，有一条渔船总能将活鱼带上岸。这是为什么呢？

原来，他们在沙丁鱼槽里放进了鲶鱼。鲶鱼是沙丁鱼的天敌，当鱼槽里同时放有沙丁鱼和鲶鱼时，鲶鱼会不断地追逐沙丁鱼。沙丁鱼为了逃命，拼命游动，这就激发了其内部的活力，从而活了下来。

这就是"鲶鱼效应"的由来！

其实，"鲶鱼效应"的道理很简单，就是引入外界竞争者，激活内部活力。如果团队内部缺乏活力，效率低下，完全可以引入一些"鲶鱼"，让它搅乱平静的水面，让"沙丁鱼"动起来。"鲶鱼效应"在团队管理上的有效运用，通常会带来出乎意料的效果。

面对压力，为了更好地生存发展下去，人们必然会比其他人更用功，而越用功，跑得就越快。适当的竞争犹如催化剂，可以最大限度地激发员工的潜力。团队中，如果长期固定使用一批员工，员工就会不思进取，而人员的不断淘汰和更新则可以让他们始终保持旺盛的斗志。

任何一家企业，长期固定使用一批员工，都会缺乏新鲜感和活力，容易产生惰性、厌倦、倚老卖老等问题。这时候，可以找些外来人员加入公司，制造一种紧张气氛，有了内部竞争，员工工作起来自然会更有干劲，企业自然就会生机勃勃。

人才的引进一方面可以带来先进的管理经验和专业技术，使团队的管理水平和技术水平快速提高；另一方面也使原有人员的利益和地位受到挑战，能调动原有人员的工作积极性。因此要想调动现有员工的积极性，提高企业管理和技术水平，最好的办法就是招聘好动的"鲶鱼"。

从20世纪80年代中期开始，日本三泽公司便从松下、丰田等著名公司引进多名常务、专务级的"大电器公司'鲶鱼'"，其他员工便都感受到一定的竞争压力。在适当的时候，公司会引进一些精明干练、思维敏捷的人，他们的年龄一般介于25~35岁之间。这些生力军的引进，大大激发了原有员工的工作积极性。

谈到公司的引入人才策略，三泽公司的总经理说："一个公司刚开始时，新进的创业人才会使公司呈现出一种蓬勃的朝气。但时间一长，就会产生惰性，这是很自然的现象。"他认为，这个时候，如果能够适时引进一些富有朝气和才气的新面孔，就能使原有的员工感受到挑战和压力，自然也会振奋精神，使一潭静水沸腾起来。

三泽公司把这种引入策略称为"中途聘用策略"。

人才的引进，不仅可以调动员工的积极性，还可以带来先进的管理经验和专业技术。所以，有意识地引入一些"鲶鱼"，通过他们富有挑战性的工作来打破昔日的平静，不仅可以激活整个团体，还能有效地解决原有员工知识不足等缺陷。

从马斯洛的需求层次理论来说，人到了一定的境界，努力工作的目的就不再仅仅是为了物质，更多的是为了尊严，为了实现自我的内心满足。把"鲶鱼"放到一个老团队里，使那些已经变得有点懒散的老队员迫于对自己能力的证明和对尊严的追求，不得不再次努力工作，以免被新来的队员在业绩上超越。否则，老队员的颜面就无处安放了。

而对于那些在能力上刚刚能满足团队要求的队员来说，"鲶鱼"的进入，将使他们面对更大的压力，稍有不慎，就有可能被清出团队。为了继续留在团队里面，他们也不得不比其他人更用功、更努力。

"鲶鱼"效应是管理者激发员工活力的有效措施之一，企业要不断补充新鲜血液，把那些富有朝气、思维敏捷的年轻生力军引入团队，给那些固步自封、因循守旧的懒惰员工带去压力，唤起"沙丁鱼"的生存意识。同时，要不断地引进新技术、新工艺、新设备、新管理观念，使企业在市场大潮中搏击风浪，增强生存能力和适应能力。

一、管理者自身成为一条"鲶鱼"

在死气沉沉的沙丁鱼箱内，沙丁鱼就是一批同质性极强的群体，他们技能水平相似，缺乏创新和主动性，人浮于事，效率低下，整个机构臃肿不堪。这时就需要管理者爆发出活力，整顿纪律，规范制度，改造流程，合理配置岗位和人、财、物，这样团队的经营才会有起色；降低成本，简化机构，整个团队才会呈现出欣欣向荣的景象。在"鲶鱼"领导者的带领下，整个团队的活力都会被调动起来，集体的力量才会更加强大。

从这个角度看，"鲶鱼"管理者应该具备如下特质：

办事果断，雷厉风行。能快速发现团队停滞不前的病症所在，并快刀斩乱麻，迅速而有效地解决问题。

说话算话，作风强势。能科学地决策，公正监督决策的执行，及时评估政策的有效性。

倡导创新、结果导向。提倡创新，塑造鼓励创新的氛围，从业务流程、工作设计、人员招聘与配置、薪酬设计和考核等方面体现创新思想。

成就需求，前瞻视野。有短中长期发展规划和目标，能够预见团队发展的方向以及现存人力资源与未来的差距，能够有效地辨别未来人才，裁减掉不适合团队发展的拖后腿人员。

系统视角，敢于变革。能够从系统内外观察团队结构的变化和功能，带动员工打开局面、打破常规，取得良好效益。

铁面无私，身先士卒。不讲私情，不徇私舞弊，不收受贿赂；凡事带头，最难最苦的事，总冲在第一个；公司规定自己第一个做到。

二、引入"鲶鱼"式团队成员

如果这条"鲶鱼"是团队的一员，那么它就意味着新、奇、异，包括观点、行为、习惯的迥异，敢说敢做甚至敢骂。正因为不同，才能激发活力；正因为敢说敢做，才会影响别人、激励别人。

团队需要不同性格、不同技能、不同工作经历的人加盟，如果都是清一色的同质员工，团队就无法产生奇思妙想和高绩效。在注重团队建设、致力团队沟通的今天，适当地吸引一些"鲶鱼"加入团队，会给整个团队带来活泼的工作气氛，带来创新，实现多赢。

但是，要控制好"鲶鱼"的数量。如果整个团队都是"鲶鱼"，就会出现"个个是英雄、整体是狗熊"的现象。各"鲶鱼"都想坚持自己的观点，合作和沟通就不存在了，整个团队就会乌烟瘴气，所以要坚持"一流管理者、二流员工"的用人信条。既然一条"鲶鱼"能够带动一群鱼翻腾搅动，就没有必要再放第二条了。

当然，对"鲶鱼"成员的管理也非常重要。他们业绩虽然都很出色，但往往行事怪异，与同事相处不佳，缺乏团队合作精神，甚至经常会在团队内部引起矛盾。因此，在对"鲶鱼"成员的管理中，首先要不断表扬和鼓励，同时引导他们学会和其他同事沟通，让他们率领整个团队获得成功。

Part 6　执行力管理：
提高人员执行力，才能增加团队成绩

强化员工的责任感，鼓励他们专注于本职工作

在学生时代，很多人都有过这样的经历：

忘了带作业到学校，被老师发现了，被训斥："你怎么老是忘了带作业，到底有没有完成？"

面对这种情况，很多人都会支支吾吾："不是啦……"

老师又问："不是什么？你到底带了没有？"

学生说："没有。"

老师说："没带就没带，不是什么！"

其实，这就是一种推卸责任的表现，只不过这种"不是啦……"是一种条件反射，学生只是因为害怕承担责任而说"不是"。

这种推卸责任的条件反射，在职场上也很普遍。观察一下周围，再审视一下自己，你会发现，为了推卸责任，身边有很多人都会使用"不是……"。工作中，受到上司指责时，很多人就会习惯性地做出推卸责任的行为，但是这种行为往往对自己没有任何帮助，最多的也是让人一听就"不以为然"的借口。这种做法，不仅不会让管理者觉得责任不在你，还会认为你是一个很不诚实、不负责任的人。

总是在工作上推卸责任的人，会让管理者怀疑他对工作的忠诚程度。如果某个员工总是将上司交给自己的任务延后或打折执行，管理者就会将他们归为"不可靠"的那类人；等到公司进行人事变动的时候，他就有可能成为被"打"的第一枪。

现代社会实行分工合作制，每个人都有自己的工作范围和工作责任，每一个职位规定的工作内容，其实就是一种责任。一旦从事了某份工作，坐上了某个位置，就要承担起相应的责任。

工作，需要员工百分之百投入，不能投机取巧，不能耍小聪明。任何虚假和带有水分的工作，都是不负责任的表现，不但是对公司不负责，也是对自己不负责。无论员工的职位是高是低，都需要持有负责、敬业的精神；因为只有在这种精神的指引下，才能表现出高效、完美的执行力。

公司需要拥有这种工作执行力的人。在工作中，要让员工积极接受任务，并按时、保质、保量地完成。只要在公司一天，就应当对公司负一天的责任。如果遇到有责任心的员工，管理者就会省心很多。

记住，遇到以下这几种表现的员工，一定要重用！

一、及时回复管理者的信息

随着科技的越来越发达，微信、QQ等即时通讯工具也已经成为人们日常工作中的主要交流工具，在工作中，如果员工能及时回复管理者的微信或者邮件，就说明他对管理者是重视的，对工作也很认真，这样的员工是很有责任心的。

二、敢跟管理者叫板工作

俗话说得好："良药苦口利于病，忠言逆耳利于行"。从本质上来说，人们一般都喜欢听好听的话，团队中，管理者也不例外。但是，有些员工敢于跟领导叫板，敢于拒绝领导；而有的员工，即使发现管理者有某些方面的问题，也不会说出来，怕受到管理者的责怪！敢跟管理者叫板的人，为什么会有这样大的勇气呢？因为他们对工作认真负责，因为他们执行力强。

三、敢于提出工作改进建议

团队中，敢于向管理者提意见的人，是最值得重用的！他们无惧领导的权威，敢于提出自己的意见，只要是有利于工作的，他们都敢于说出来。因为他们的用心很简单，就是一切都是为了公司好。遇上这样的员工，管理者也会省心很多。

四、敢于担负起应有的责任

团队中，很多人都是只能同甘却不能共苦，一旦遇到了问题，总会将责任推卸得干干净净，把自己推得一点儿责任都没有。如果团队中有敢于承担责任、敢于挑大梁的员工，他们多半也是有胸怀、有担当的。遇到重要的工作，如果管理者一个人无法解决，就可以放心地交给他们，他们肯定能办得很好。

五、遇到急事能第一时间返岗

在工作上如果遇到紧急情况，有些员工虽然在休假，但也能第一时间回到自己的岗位上处理。这样的员工基本上已经把工作当成了自己的事业，对工作的认真负责，不是一般人能比的。作为管理者，遇到这样的员工，还有什么不放心的？

提高员工的归属感，让员工对团队认同

人是感情动物，管理上感情的缺失，会让员工脱离团队，而脱离的原因就是缺乏归属感。让员工有归属感的团队，能够给员工一种家的感觉。有了这种归属感，管理者便收获了人心，只有人心顺了，工作起来才能事

半功倍。

归属感是家庭感情的延续，团队成员的感情有多种表现形式，那么，什么样的情感能够使团队成员形成归属感呢？通常，如果团队氛围能够满足成员积极情绪的需要，团队的归属感就会大大增强，员工对工作的满意程度就会增加，且能以更加生活化的情感投入工作。

研究发现，一个团队能否真正良性发展，关键是团队是否成熟。而团队是否成熟的重要标志是，团队成员的归属感！归属感的核心是"家"，"家文化"贯穿在团队的管理中！

在外面受到委屈、失败、打击的时候，我们最想做的事情就是回家，无家可归的感觉最凄惨。家给我们的感觉，是温馨、安宁、踏实、甜蜜。其实，家的感觉就是团队成员的归属感。

家的核心内涵——心安。现实中很多企业做不大、做不强的根本原因是团队成员的归属感不强，他们不喜欢自己的团队、不愿提及自己的团队或缺乏尊崇感。而要想提高员工的执行力，就要让员工对团队认同，增强他们的归属感。

一、增强价值认同度

从现代企业管理的要求看，企业和员工在事业、利益与命运等各方面都是一体的，企业的荣辱兴衰关系到每一位员工的幸福，每一位员工的表现又直接影响着团队的发展壮大。团队发展壮大的背后离不开员工的辛勤付出，管理者只有真正把员工放在心上，员工才会把责任担在两肩。因此，增强价值认同度，是实现"把员工放在心上"，提高员工归属感的重中之重。

当然，要想增强价值认同度，就要做到下面两点：

（1）员工应清晰地认知自己在团队中的角色定位，正确解决好自身思想观念的导向问题，即："我"到企业的动机是什么，我所追求的目标同企业的目标理念是否相互融合、一致；如何实现与企业共同发展，并实现自我价值；如何采取正确的行动，履行自己的义务与责任；如何尽职尽责，努力实现自己对企业的承诺，达到考核目标和实现企业愿景。

（2）企业要对员工的付出在物质和精神上给予认可，尽可能地使团队价值和员工个人价值相对平衡统一，具体体现在员工的工资、福利和其他有效的精神激励上。在收入上让每个员工都满意，是比较困难的，但是，人力是资本，而不是成本，更不是包袱，所以物质待遇要能满足员工最基本的生活需求。当然，企业要真正吸引和留住人才，稳定队伍，单靠高薪是不行的，必须采用长期有效的激励机制，形成长期相对稳定的用人政策和制度。

二、增强文化浓郁度

文化浓郁度的高低直接关系到员工归属感的强弱。

文化是团队的黏合剂，可以把员工紧紧地黏合、团结在一起，使他们目的明确、协调一致。加强团队文化建设，增强团队文化浓郁度，实质上就是要用先进的科学思想和经营理念武装员工头脑，规范员工行为，塑造团队形象，提升企业管理水平，增强企业凝聚力和竞争力，推进战略任务的有效落实。

文化是团队的软实力，是增强团队凝聚力和吸引力、提高员工归属感的内在条件。把员工放在心上，既要满足员工为了生活所必需的物质利益需求，更要满足员工的精神文化方面的需求，最大限度地促进团队文化载体的丰富和完善。

首先，在团队内部，要经常性地开展文体活动，引导员工尽可能地融入团队文化中，成为各种文体活动的参与者，使他们在团队文化中获得身心的愉悦感。

其次，要加强团队行为规范文化建设，使员工在这种特殊的文化氛围中自觉遵守道德规范和准则，以无形的精神力量规范员工的言行，强化员工与团队之间的"家庭"情感。员工的归属感就会油然而生。

最后，推进团队学习文化建设，在团队内部形成积极向上的学习氛围。在学习上，要给员工创造更多培训学习的机会，加强培训的广泛性和实效性；要合理安排设置培训内容，使员工掌握多方面知识和技能，适应不同岗位转换的需要；要开展不同岗位员工的集体培训，让员工在共同学习中广泛交流，学会资源共享，创造性地运用所学的知识来调整、完善自身的工作，把工作素养提高到新水平，把服务质量提升到更高层次。

三、增强感情交流度

韦尔奇有一句名言是"沟通、沟通、再沟通"，可见情感交流与沟通在团队中的强大作用。对员工来说，可以通过团队内部的沟通来表达自己的不同情感。沟通提供的不仅可以作为一种情感释放的情绪表达机制，还可以满足员工的社交需要。

对企业来说，最重要的一点就是要在管理层和员工之间形成公开、自由、诚实、互信、开放的情感沟通氛围。有效畅通的沟通渠道，可以实现管理者和员工之间的诚心交流，可以促进员工之间思维的碰撞、感情的升华，从而避免不必要的误会，释放心理上的不满情绪。

要提高员工的归属感，切实把员工放在心上，除了适当和多渠道的情感沟通，还必须把关心员工工作、学习和生活，作为构建和谐团队的重要内容来抓。融洽关系，增进情感，想员工之所想，急员工之所需，解员工之所难。

在生活上，管理者要经常深入员工家庭，了解掌握员工的家庭情况、生活情况，对有生活困难、生疾患病、孩子升学等问题的员工，主动做好排忧解难、济贫帮困工作。要广泛开展谈心交流活动，及时掌握员工的思想动态、真实想法，主动吸纳员工的意见和建议，让员工感觉到自己为团队的发展尽了一份力，增加成就感与归属感，不断提高员工对于团队这个大家庭的忠诚度，更好地提升员工价值。

四、增强管理参与度

团队是家，员工是家中一员，自然也就会担当起家庭成员这个角色。在管理中，要提高团队成员的参与度，增强团队成员的主人翁意识和责任感，全身心地为团队着想。当然，要想提高员工的归属感，一定要让员工当主人，积极参与团队管理，将个人荣辱与团队荣辱捆在一处，将个人的未来与团队发展的前景捆在一处，荣辱与共，激发员工真正进入忘我工作的状态，激发员工对团队的自豪感和使命感，使之主动自觉地与团队同呼吸、共命运，将团队当成自己的家，在本职岗位上激情创业，用自己的聪明才智为团队发展作贡献。

五、让员工当好团队的主人

要想提高员工的主人翁意识，首先要信任和关怀员工。全面了解员工的思想动态，有针对性地实现感情倾斜，并根据员工各自不同的特点和特长合理安排岗位，激发员工的奉献精神和创造积极性。

加强员工的思想政治教育，定期或不定期地对员工进行岗位训练、廉政教育、责任意识教育、道德修养教育等，与员工进行谈心沟通，坚持日常的学习教育制度，在企业内部形成良好的学习氛围，为员工最大限度地参与团队管理提供优良的环境和条件。

遇到困难，也要让员工坚持下去

在一次峰会上，马云说："刚开始创业时，来阿里的都是在别处找不到工作的人，后来那些自认为聪明的员工都离开了阿里，留下来的在阿里上市后则成了百万富翁、千万富翁。"这句话的最有力证据是童文红在阿里的工作履历。

2000年，童文红加入阿里，成为阿里的第116号员工，主要在前台迎接客户、收发信件、打印复印，这份工作她一直做了六七年。2007年，阿里首席人才官彭蕾找到她，让她做行政部主管。此后，童文红一路升职，一直做到阿里集团副总裁。

童文红接受媒体采访时说："我是一个又傻又天真，又猛又持久的人，这也是阿里所有人的心态，包括马云自己。"如今，童文红已经在阿里工作了18年，从月薪只有500元的前台小妹，到现在身家过亿，这就是坚持工作的最好的回报。

有梦想的人很多，但能坚持下来的人却非常少。优秀员工的真正定位是什么？优秀员工在管理者心里应是"能解决问题的人""遇到困难，能坚持下去的人"。

比尔·盖茨曾说过："好的员工一般都善于动脑筋，他们会分析问题、解决问题，不会将问题推给管理者。"企业花钱聘请员工，是让员工来做事的，遇到问题，不想方设法解决，而是一味地推卸逃避，对问题采取躲避的态度，甚至将问题直接推给管理者，那为什么还要请员工来工作呢？

请员工就是为了解决问题,如果员工没办法解决问题,认为只有把问题推给管理者最为稳妥,那员工存在的意义和价值也就丧失了。因此,任何管理者都不喜欢员工踢回来的"皮球",一不小心踢到"乌龙球",会很容易被踢出局。

一遇到问题就做甩手掌柜,直接推给管理者,管理者不仅会忙得焦头烂额,还会因为招到这样的员工憋一肚子气。管理者的主要工作是把握团队的整体发展方向,制定团队发展战略;管理者是做决策者,而不是执行者。如果管理者下派的任务,员工完成不了,团队就会面临业绩下降的危险;相反,如果员工遇事积极思考,自主解决,将会为团队创造更大的效益,同时对于员工自身的成长也有所助益。

很多时候,并不是问题本身有多难,而是因为有些员工不善于动脑,缺乏韧性,不知道多问几个"为什么""怎么办",只知道一味地逃避问题,把它推给别人。因此,在工作中,要让员工尝试自己去解决问题。如果是本职范围内的事情,就更要鼓励他们大胆地拿主意、亲自解决。

提高判断力,执行不盲从

职场中,下属是否必须无条件地服从上司的指令呢?回答当然是肯定的。如果有令不行,有令不通,团队的决策就不能顺畅地贯彻和执行。当然,在执行上司指令的同时,下属也应该保持清醒的头脑,有自己的见解,不盲从于某一位管理者。

威尔斯顿上校曾经在一次远征的动员大会上说过:"忠诚并非愚忠,服从不是盲从,假如你的长官错了,你还盲目地忠诚于他,那你就是愚昧的人，这样的人是没有资格进入海军陆战队的。"员工和军人一样，服从命令是天职，但是员工和管理者的关系并非封建社会的君臣，而是坐在同一艘大船上，目标一致的协作者。不盲目服从管理者的命令是每个员工的责任，这不仅是对自己的忠诚，也是对团队这艘大船的忠诚。

卡耐基在他的书中曾经讲过这样一个故事：

美西战争爆发，美国政府迫切需要联系上时任西班牙反抗军首领的加西亚。但此时的加西亚正在古巴的丛林之中，根本无法定位他的确切地点。正当大家为派谁去能找到加西亚而陷入一片茫然之时，有人向当时的美国总统推荐了中尉罗文。

总统麦金利将写给加西亚将军的一封信交给罗文，罗文从他的手中接过信，安静地用油纸包好，挂在自己的胸前，然后就上路了，甚至没问一句"加西亚将军在哪里"！

三个星期过去，罗文从危机四伏的古巴丛林中走了出来。没有人知道他是怎样进去的，也没有人知道他在丛林里遭遇过什么，重点是，加西亚将军收到了那封信。

从那以后，罗文被树立为职场之中职员主动、忠诚和富有责任感的典范，广为传诵。

许多管理者在考核员工的时候，不仅会考虑员工能否在任务面前毫不退缩，更重要的是是不是"有办法把信交给加西亚"，说得更清楚一点，就是过程很重要，但是结果更重要。

服从是一种忠诚，很多员工甚至觉得对管理者绝对服从就能表示自己的忠诚。但是，不仅要对直接管理者忠诚，更要对团队、企业忠诚。我们不能奢求管理者都是圣人，所有的决策都明智无比，绝不会出现任何瑕疵。管理者之所以能够成为管理者，并不是因为他是完美的，而是他在某方面拥有过人之处，员工需要像看待平常人一样看待管理者，看待他的决定和决策，而不是盲目地一味追随。

这天下午，周海接到部门经理的电话："喜事！到我办公室来一下。"

什么喜事，让领导高兴成这个样子？周海不敢怠慢，急忙放下手中的活，小跑来到领导办公室。打眼一看，下属单位某建筑设计所的两位领导也在这里，周海一下明白了八九分。

周海所在的小组主要负责奖惩工作。前些天，他们团队设计的一座大楼得了奖，老板说要给他们奖励。周海也觉得应该给予嘉奖。沟通过程中，他得知了一个内情：上层正在对这个任务追究责任，因为实际开支比原来的预算经费超出近一倍。

"经费超标，与我们团队没关系吧？"周海打心里想把这事办成，便坚持说，"他们的记功条件够，咱们部门就别卡了，你们努力给争取一下。"

"有些事从业务部门的角度看是可行的，但从上层的高度来衡量就不可行喽！"部门经理再三提醒，"一个成熟的团队，不能就业务论业务，还要讲政治、顾大局。"

于是，周海陷入了左右为难的境地。按领导的指示办不合时宜，也不符合上级有关精神；不按照领导的指示办，领导肯定不高兴，也会给人落下"不服从领导决定"的印象。

怎么办？周海思忖再三，终于打定了主意。他想，服从不是盲从，发现领导的指示有哪些不正确、不妥当的，应当有提醒、劝诫的勇气和责任心。他如实地向领导汇报了相关情况并认真地建议："眼下，这个奖励，我们不能研究上报，等责任追究结束后看情况再定为好。"

部门经理看到周海的建议有道理，也就没有再坚持，但脸色也没那么好看。周海心情沉重地走出了部门领导办公室。

过了些时日，处理结果出来了。主要负责人受到严肃处理，他们也因为没能把关提醒受到通报批评。

这天，主要领导又单独把周海叫到办公室。领导和颜悦色地说："小周，我得谢谢你啊，那天你坚持得好，如若不然，我们可能要犯政治性错误。"周海如释重负，轻松走出了部门领导办公室。

在职场，下属服从上司，在任何单位都是不可或缺的组织原则之一。上下级关系的性质决定了下属在工作中要服从领导的指挥。因为领导作出的决定，是从大局出发，周密权衡了各方面的情况后，经过集体讨论研究决定的，反映了全局的要求和大多数人的意见，并非完全是个人的意见。所以，从这个意义上讲，领导决定了的事，下属一般都应该服从。但是服从并不意味着对领导的命令盲目服从，尤其是在一些应该讲究原则的时候。

上司所处的地位，使其容易重视整体筹划，轻视具体操作，加之知识、能力、经验等方面有局限性，即使是领导，也不可能对任何事物的认识判断都正确无误，在工作中难免有考虑不周、安排不当的时候。

在这种情况下，下属不能像《红楼梦》中的薛宝钗那样"老太太喜欢的我都喜欢"，一味地媚上。如果下属凡事一味附和、一概听从、一律执行，也就成了盲从，必然会给工作带来损失。要让下属具备"不唯上、只唯实"的精神，敢于发表自己的观点。特别是对于涉及自己职责范围内的工作，更要大胆地提出自己的见解，切不可缺乏主见。

让员工立即行动，不延迟

小野做事粗枝大叶，不修边幅，沟通能力差，工作上有拖延症。就连有时候和同事发生冲突，也占不到先机，被领导批评的情况更是常常发生。但他有一个非常明显的长处：智商比较高，很聪明，学习能力强，工作责任心强。他对公司的付出是全心全意的，绝不会偷奸耍滑。

老王是小野的上司，他对小野感到非常头疼。对于老王来说，他最受不了的就是小野的拖延症。比如，将一项工作交给他，定了截止时间，他会用各种理由和原因拖延任务，直到超出截止时间。

多个任务一起进行时，小野总是分不清轻重缓急，做了别的事就误了这件事。所以，老王常常提醒他。即使如此，小野有时还是会误了时间。老王对此非常苦恼。

为了彰显纪律，老王没少在会议上公开批评小野。可是批评的当场，小野情绪会低落，但过后，还是一切照旧。有时看起来，还仿佛是打击了他的自觉性。

那么，应该怎么样对待像小野这样的员工呢？

显然，提醒和批评没什么太大的效果。而开除的前提是，有更合适的人选。像脑子聪明这一点，其实在公司里是稀缺资源，因为有些难题，是他可以搞定，而别人不行的。所以，如果团队的人力资源不是很充裕，就可以将其保留，并让其发挥最大的作用。

大众在评估个人的发展上，都是遵循长板理论的。也就是说，评价一个人，常常不是因为他的缺点，而是因为他的优点。比如乔布斯，所有人都不能否定他的成就，他是改变世界的人。但是他也有很多不同于常人的缺点，如情商比较低，做事情不讲情面，常常让人下不了台。但是因为他的卓越成就，大家都会选择性地忽视他的缺点和不足。

对这些成就显赫的大咖来说，他们往往会忽略掉别人对于他们的指责，而更关注自己的目标，说干就干，从不拖延。但是大部分普通人，也许没有这么强大的内心，但只要有人适时帮一把，他们也是会焕发出别样的潜力的。在企业里，这样的帮助者的角色当然是非管理者莫属了。

一、员工喜欢拖延有原因

在公司里，有些员工做事勤勤恳恳，能够认真努力地把领导下达的任务完成，同时还能将其他工作很好地完成。但是，有些员工做事情比较拖拉，每次领导下达任务，不到最后期限都不会用心去做，管理者一般都对这种员工都没办法。为什么这些员工做事老是会想着拖延？

1. 担心他人认为自己做不好

很多人对自身的能力估值很低，担心如果把领导下达的任务做砸了，同事就会认为他能力不足。他们自尊心很强，看重别人对他们的看法，不做这件事还可以解释说："我不做而已，要是做了肯定能做得很好。"最好的方式是，先把这件事拖着不做，直到最后实在没办法，再将事情急急忙忙做出来。

2. 总是想得太多做得太少

爱拖延的人，不论做什么事，总想着先做准备，觉得自己先做好准备，真正去操作的时候就会跟自己想的一样做起来很简单。但实际上，他们的"做准备"只是心里想着怎么做，并不是动手去为事情做准备。所以当他们真正把想法付诸实践的时候，会遇到各种各样的困难。他们就会觉得一开始不应该这样，自然也就不愿意把事情接着做下去，把事情拖着，直到最后没办法才做。

3. 总希望别人来帮忙

遇到困难时，大部分人或多或少都会有"希望别人来帮忙"的想法。有些人希望自己先尝试一下，不行的话，再找别人帮忙。而有一些人一遇到困难，就想着找别人帮忙，但是又不知道怎么开口让他人来帮忙，只能将事情拖着，做得慢一些，想着有人看不过去就会来帮帮他们。结果，慢慢养成了拖延的习惯。

二、帮助员工战胜拖延

如何帮助员工战胜拖延？立即行动！

1. 明确事情轻重缓急

工作效率高、没有拖延症的人，往往对无足轻重的事情无动于衷，而对重要事情，则重视投入。工作跟学习一样，同样要讲究方法，要明确分清轻重缓急。只有这样，才能一步步、有条理地完成工作任务，有效避免拖延。由此，就要引导员工根据自己的任务特点，做一个时间管理矩阵。

2. 让员工屏蔽干扰

很多时候，员工之所以喜欢将事情拖到最后，都是因为在工作中遇到了干扰事项，例如，手机屏幕突然弹出的微信消息、朋友上班期间打来的电话等。为了防止这些事情干扰到员工的工作，就要让他们尽量降低翻看手机的频率，不是十分紧急的电话，可以告诉对方下班之后再回复。

3. 鼓励员工自我施压

人最擅长的事情就宽恕自己，尤其是在时间方面。例如，上午一直玩手机，到下午快下班的时候，还剩一半的任务没完成，可能会安慰自己："没事，还有一个小时，不行就加班"。这种想法会让员工无限制地拖延工作。为此，要努力提高员工的时间观念，不要给自己留太多的时间，比如一天的工作任务，给自己规定必须在下班前两个小时完成。如此，就能给自己一种紧迫感，自然就会认真地完成工作。

4.互相监督，避免拖延

对员工来说，自我管理非常困难，管理者可以让员工互相监督管理。比如，将两人分成一个小组，互相监督，跟进对方的工作进度。这样，既能避免拖延，又能增进员工之间的情感。

5.制订可执行的计划

如果计划不具体可执行，必然会造成拖延。举个例子，如果你的减肥计划是"我想要完美的身材，所以我要少吃点"。这看上去的确是一个计划，但是不具体。这中间有很多问题需要回答，比如体重达到多少是你要的完美身材？少吃点是少吃多少？只减少食量不运动会有效果吗？这些问题并没有具体的执行计划。但如果你的计划是每天早上六点半起床跑步，那么这个计划很可能会被坚持执行。所以要想战胜拖延症，就要立即行动，制订一个具体且可执行的计划。例如，规定自己上午几点到几点，必须完成哪一项工作任务。

Part 7　绩效管理：
不断提升绩效，改善团队的工作效果

让标准先行，制订有效的绩效考核标准

绩效考评标准是考评者依据企业的战略，制订个人或群体的工作行为和工作成果标准。这种标准虽然有很多项，每一项也有明细的要求，但衡量绩效的总原则却只有两条：是否使工作成果最大化，是否有助于提高组织效率。而制订有效的绩效考核标准，是进行绩效管理的第一步。

一、有效的绩效考核标准特征

一般来说，有效的绩效评估标准都具备以下六项特征：

1. 标准是基于工作而不是员工

绩效评估标准的建立，要以工作本身为依据，与执行这项工作的人无关。每项工作的绩效评估标准通常只有一套，它并不是针对每个员工都制订一套。因此，绩效评估标准不同于目标。目标是为个人而不是为工作而制订的；其典型特征是具有挑战性。因此，即使管理者指挥很多人从事相同的某项工作，也只能订立一套工作标准，但对每位员工却能设定不同的目标。这些目标依个人经验、技术表现而不同。

2. 标准具体且可衡量

绩效评估的项目最好能用数据表示，属于现象或态度的部分都是抽象而不具体的，自然也就无法进行客观衡量比较。有一句管理名言："凡是无法衡量的，就无法控制。"要想将绩效标准的作用最大化，制订的标准就要具体、可衡量。

3. 标准有时间限制

绩效标准的制定必须有一定的时间限制，也就是说该绩效标准只适用于当时的某种情况，或者只在某个时间段内有效。随着企业的不断发展，绩效标准也要相应地变化。也就是说，一旦评估标准失去时效性，就没有多大的价值了。

4. 标准是协商制订的

为了发挥标准的激励作用，管理者与员工都应该确定该标准的制定确实是公平合理的。如果员工认为这是自己参与制定的标准，那自己就有责任遵循该标准工作，即使因达不到标准而受到相应的惩戒，也不会有诸多抱怨。

5. 标准是可以改变的

绩效评估标准必须经过管理者和员工的同意，且随着条件的变化，要对相应的评估标准作出改变。也就是说，绩效评估标准可以因新方法的引进，或新设备的添置，或其他工作要素的变化，而发生变动。

6. 标准是被大家所广泛知晓的

绩效评估标准对管理者及员工来说，都应该是清楚明了的。如果员工对绩效评估标准概念不清，也就无法提前确定努力的方向；如果管理者不知道绩效评估标准，也就无法对员工的具体表现作出衡量。

二、绩效考评的原则

绩效考评的原则主要包括这样几个：

1. 单头考评

对各级员工的考评，都要由他们的直接上级进行。因为直接上级相对来说最了解员工的实际工作表现（成绩、能力、适应性），也最有可能反映真实情况。对直接上司作出的考评评语，间接上司（即上级的上级）不能擅自修改，当然，间接上司也可对考评结果进行调整和修正。单头考评明确了考评责任所在，能够让考评系统与组织指挥系统取得一致，更有利于加强团队的指挥机能。

2. 结果公开

考评的结果要对被考核的员工公开，这是保证考评民主的重要手段。这样做，一方面可以使员工了解自己的优点和缺点、长处和短处，促使考核成绩好的人再接再厉，继续保持先进；也可以使考核成绩不好的人心悦诚服，奋起上进。另一方面，还能有效防止考核中可能出现的偏见以及种种误差，保证考核的公平与合理。

3. 严格执行

考评不严格，就会流于形式，形同虚设。考评不严，不仅不能全面地反映工作人员的真实情况，还会产生消极后果。考评的严格性包括：有明确的考核标准；要有严肃认真的考核态度、严格的考核制度、科学而严格的程序及方法等。

4. 结合奖惩

要想达到考核的真正目的，就要依据考核结果，综合平时工作成绩的大小、好坏，有赏有罚，有升有降。这种赏罚、升降不仅要与精神激励联系起来，还要通过工资、奖金等方式同物质利益进行联系。

5. 及时反馈

考评结果必须反馈给员工本人，否则就起不到考评的教育作用。在反馈考评结果的同时，还要向被考评者就评语进行解释，肯定成绩和进步，说明不足之处，并为其提供今后努力的参考意见。

6. 能够实现

绩效评估的项目是在部门或员工个人的控制范围内，且通过部门或个人的努力可以达成的。如果制定的标准，员工经过很大的努力都无法达成，那么就是毫无意义的。

7. 差别对待

考核的等级之间应当有鲜明的差别界限，在工资、晋升等方面，考核评语应体现出明显的差别，提高考评的刺激性，鼓励员工的上进心。

8. 客观考评

绩效考评要根据明确规定的考评标准，针对客观考评资料进行评价，少些主观色彩和感情色彩。

9. 公平公正

公平是确立和推行人员考评制度的前提。如不公平，考评应有的作用也就无法发挥出来。

先落实到纸上，再实施，制订有效的绩效考核方案

一、制订绩效考核方案的流程

在绩效管理工作中，想要做到流程化，就要依据以下五个流程来制订相关的绩效考核管理方案，进而开展绩效管理工作。

1. 制订绩效目标

首先要确订组织目标，然后根据组织目标进行部门分解，最终分解到个人。在制订和分解目标时，相关的责任人要全程参与，要了解并认可自己的目标，目标必须是可实现的、可衡量的、有时间限制的，并且要符合目标管理的 SMART 原则。

2. 明确评价标准

如果各项考核内容中的标准都不明确，实施过程中就容易出现扯皮现象。制定绩效目标时如果严格遵循 SMART 原则，上述问题自然也就不会存在了。

3. 绩效记录与辅导

这是绩效管理的重要一环，也是实现绩效管理目的的关键。对于绩效

考核的项目，要做好记录；同时，对绩效成绩不高的员工，要进行适时的辅导和帮助。

4. 做好评估反馈

每一周期的绩效考核结果出来后，直接上司应该与员工做绩效面谈与沟通，让员工知道自己工作中的优劣势，争取在下一绩效周期内扬长避短，取得更好的绩效成绩。

5. 做好结果运用

绩效考核的结果可以作为晋升、调岗、奖金发放等的依据，但不是唯一依据。

二、绩效考核方案的要素

制订绩效考核方法，要重视下面几个要素：

1. 高层管理者高度重视

绩效管理的导入是企业的一项重大组织变革。主要在于，一方面，绩效管理的引入涉及利益分配的问题，由于变革的不确定性，人们对未来的预期不明确，贸然推进绩效管理，必然会受到来自各级管理者和员工的阻力，负责部门也会被推到风口浪尖。另一方面，绩效管理会触及企业管理的各个方面，含绩效管理的计划、辅导、评估、反馈、激励等，需要从不同部门收集大量的工作绩效数据。所以，如果高层管理者不够重视，不支持该项变革工作，负责部门的工作将面临很多困难，其他部门管理者和员工的配合程度也将大打折扣，绩效管理工作的导入就可能停滞不前或流于形式。

2. 直线管理者责任到位

除了上面这点，强化直线经理的绩效责任意识也至关重要。绩效管理工作不仅是人力资源管理部门的事情，更是一个自上而下目标分解、不断指导沟通和交流的过程。通常，在绩效管理中，人力资源部门应该是整个团队绩效管理游戏规则的制订者、宣传者、培训者、推广者和实施监督者，而直线管理者则是绩效管理方案的细化者、实施者和反馈者，即根据不同部门的特色，细化绩效考核方案。一旦脱离直线管理者的具体工作，绩效管理工作就会变成"无源之水，无本之木"。

3. 方案设计科学合理

如果想科学合理地制订绩效方案，就要从以下四个方面做起：

（1）绩效考核结果的应用要全面，不仅要涉及个人绩效工资，还应该包括晋升、培训、调岗、调薪、年终奖金等方面。如果企业缺乏绩效管理方案设计方面的人才，还可以引入第三方机构协助制定。

（2）指标的选择要遵循"二八原则"，要突出重点，不要面面俱到；定性的指标考核，要根据岗位性质的不同，全方位进行管理；绩效目标值的确定要合理科学，不可自行设定，否则会脱离绩效管理的初衷。

（3）绩效管理体系的核心要素要齐全，包括谁来做、考核谁、谁来考核、考核什么、怎么考核、多久考核、结果怎样使用、结果如何反馈、如何沟通改进等内容。

（4）对所有岗位进行分层分类，不同系列和层次的岗位，其考核周期、指标类别的权重、绩效工资比例等方面应有所区别。

4. 方案宣传要深入基层

方案的大范围宣传是绩效管理顺利实施的重要保证，对于这一点，一定要重视。

（1）通过方案的大力宣传，让全体员工清楚地了解企业支持何种行为、反对何种行为，逐步形成良好的企业文化，确保绩效管理工作的长期贯彻落实。

（2）只有对方案进行全面且深入的宣传讲解，才能让各级管理者和员工理解和掌握绩效管理方案的操作要领，更好地推动工作开展。

当然，为了确保方案宣传工作能取得更好的效果，可以采取多介质和多渠道结合的宣传方式，如发公文、墙报宣传、制度竞赛活动等。

5.将沟通贯于始终

从员工角度来说，与上级及时沟通，有助于发现自己在上一阶段工作中的不足，并确立下一阶段绩效的改进点，以提升自己的工作绩效。此外，以有效沟通为基础进行绩效考评是双方共同解决问题的一个机会，是员工参与工作管理的一种形式，能更好地激发员工的责任感。

从管理者角度来说，通过与员工的有效沟通，有助于全面了解员工的工作情况、掌握工作进展信息，并有针对性地提供相应的辅导，帮助下属提升能力，保证绩效管理制度的顺利实施。

员工和管理者的双向沟通是绩效管理的生命线，在计划、辅导、评估、反馈、激励等不同阶段都要将沟通贯穿始终。

选择合适的绩效考核工具，就如有了趁手的兵器

常见的绩效考核工具有 MBO、KPI、BSC、OKR 以及 360 度绩效考核。这些绩效考核工具的联系和区别在哪儿，企业又应该如何选用适合自己的绩效考核工具？

一、MBO，目标管理

目标管理是以目标为导向，以人为中心，以成果为标准，使组织和个人取得最佳业绩的方法；其组织使命在一定时期内的具体化，是衡量组织活动有效性的标准。

目标管理亦称成果管理，不仅是现代管理思想的精髓，更是绩效管理的基础。许多绩效管理工具都是在目标管理的基础上发展起来的，比

如,以 MBO 为基础,产生了目标管理工具和绩效考核工具两个分支,绩效考核通常与奖惩挂钩,而目标管理则不与奖惩挂钩。绩效考核工具采用的是奖惩驱动,即公司要我做什么;其中,MBO 是 KPI 的基础,KPI 是在 MBO 的基础上优化产生的,而 BSC 为 KPI 的指标分解找到了方向。目标管理工具采用的是内在驱动,即在我的岗位上我要做什么;MBO 是 OKR 的思路来源,而 OKR 是企业 MBO 运作的有效系统。

二、KPI,关键绩效指标

KPI 是把企业的战略目标分解为可操作、可量化指标的绩效考核工具,可以使管理者明确部门的主要责任,并以此为基础,明确部门人员的业绩衡量指标。建立明确的切实可行的 KPI 体系,是做好绩效管理的关键。

KPI 是依据"二八原理"提出的,即 80% 的工作任务是由 20% 的关键行为完成的,只要抓住这 20% 的关键行为,对之进行分析和衡量,就能抓住业绩评价的核心。

优点:KPI 是企业战略目标的层层分解,有利于战略目标的实现,有利于使组织利益和个人利益达成一致。

缺点:KPI 没有可操作的指标框架体系,指标提取难度大;KPI 并不适用于所有岗位,非量化的指标无法考核;过分依赖 KPI,忽略人为因素和弹性,容易陷入机械考核;对于创造性的工作,考核起来很困难。

三、BSC,平衡计分卡

平衡计分卡是一种绩效管理工具。它将企业战略目标逐层分解为各种具体的、相互平衡的绩效考核指标体系,并对这些指标的实现状况进行不同时段的考核,为企业战略目标的确定奠定可靠的执行基础。

20 世纪 90 年代初,哈佛商学院的卡普兰和诺朗诺顿研究所所长戴维·诺顿一起主持并完成了"未来组织绩效衡量方法"的研究计划,找出了超越传统的以财务计量为主的绩效衡量模式，将公司的战略落实到可操作的目标、衡量指标和目标值上。平衡计分卡是"75年来最伟大的管理工具"，主要包括4个考核维度：内部运营、客户管理、学习成长和财务状况。

优点：为战略目标的分解提供了方向和维度；既考虑了财务因素，也考虑了非财务因素；既考虑了短期，也兼顾了长期；有利于组织和员工的学习成长，能够提高组织的核心竞争力和整体水平。

缺点：实施难度大，工作量大，系统庞大，短期难见成效。

四、OKR，目标与关键成果法

OKR由英特尔公司发明，具体方法是：明确公司和团队的目标，明确每个目标达成的可衡量的关键结果，从而完成公司目标。OKR可以在整个团队共享，有利于团队在整个组织中明确目标，做好协调，集中精力，使企业更好地聚焦战略目标，并集中配置资源，使团队上下协作。

优点：能调动员工的主动性和积极性；工作更加灵活，有利于企业创新。

缺点：更适用于知识工作型或高科技企业，不太适合普通企业；需要员工具有较高的职业素养和职业技能。

五、360度考核法

360度考核法又叫全方位考核法，最早由英特尔公司提出并实施应用。具体方法是：从不同渠道获取员工的工作行为表现资料，并对资料进行分析评估。员工行为表现的资料来自上级、同事、下属及客户的评价，同时也包括被评者自己的评价。

这种方法的优点是评估比较全面，可以促进员工工作能力的改进和提升。但是，360度评价很容易沦为人际关系的考核。因此，360度考核一般只作为其他考核工具的补充，不单独使用。

总之，各绩效管理工具各有优缺点，各有其适用范围，为了让绩效考核达到预期效果，不仅要根据企业的实际情况选择考核工具，还要建立完整的绩效管理体系。

通过绩效辅导沟通，找到问题的解决办法

一、绩效辅导的定义和作用

绩效辅导，是指管理者与员工一起讨论有关工作的进展情况，潜在的障碍和问题，解决问题的办法措施，员工取得的成绩以及存在的问题、管理者如何帮助员工等信息的过程。

在绩效管理系统中，做好绩效辅导，不仅能够提前发现问题并在问题出现之前解决，还能将管理者与员工紧密联系在一起。管理者与员工经常就存在或可能存在的问题进行讨论，共同解决问题，排除障碍，就能共同进步提高公司绩效。

通常来说，绩效辅导的作用主要有：

（1）为员工提供其所需要的信息，让员工及时了解管理者的想法和工作以外的改变，使管理者和员工步调一致。

（2）了解员工工作时遇到的障碍，发挥管理者的作用，帮助员工解决困难，提高绩效。

（3）掌握一些考核必须用到的信息，提高考核的目的性和说服力。

（4）帮助员工协调工作，使他们更有信心做好本职工作。

（5）了解员工工作的进展情况，及时进行协调调整。

（6）通过沟通，避免一些考核意外的发生。

绩效辅导的根本目的在于，对员工实施绩效计划的过程进行有效管理，因为只要过程在可控范围之内，结果就不会有太大的意外。

二、面谈的必要性和启动前提

一旦达成对绩效和解决办法的一致意见，面谈基本上也就圆满成功了，接下来就要观察员工在工作中是否能按照达成的协议来开展工作。如果一切都按照双方约定的进行，员工绩效得以改进，行为态度得以调整，面谈目标也就达到了，也就可以进入下一个绩效考核周期，再进行同样程序的绩效管理程序。如果状态没有明显改善，员工业绩依然如故，管理者则要同员工进行更深层次的绩效辅导面谈。

绩效辅导面谈的目的，是改变员工的行为，解决表现出来的问题，让员工将目前的事情暂停，重新开始做他应该做的事。进行教导面谈的前提有两个：一是已经完成绩效问题的分析，二是凭借员工的能力完全能够达到绩效要求的水平或行为态度要求。

进行绩效辅导面谈的前提是，管理者经过症结的分析和解决办法的拟定商讨过程。不经过这两个步骤，就不能进行绩效辅导面谈，因为前两个阶段是这一个阶段的必要准备与必经过程。任何管理者都无法在员工还未明白自己究竟该如何正确行事的情况下同他们进行绩效辅导面谈，也无法在员工还没尝试用新方法工作的情况下进行绩效辅导面谈。

三、面谈程序需要分步走

最接地气的绩效辅导面谈应分为五步：

1. 员工认同问题

绩效辅导面谈的第一个阶段就是，让员工认同问题的存在。这是绩效辅导面谈中最重要的阶段，通常会占用整个面谈时间的一半。这也是多数管理者失败的地方，因为他们很容易认定员工知道自己有问题，因而忽略它。但事实并非如此。许多员工知道自己做错事，但并不知道"那是个问题"。

这一步的目的是，让员工心悦诚服地承认有问题存在。这一阶段会花掉绩效辅导面谈中约一半的时间。如果管理者觉得这个阶段花了太多时间，还没有同员工达成共识，就急着进入下一个阶段，只能是有害而无益。因为如果员工不认同问题的存在，就无法成功地解决问题。

绩效辅导面谈成功的秘诀是，必须做足准备。绩效辅导面谈中最困难的是让员工认同问题的存在。为了使管理者的想法传递成功，可以制订绩效辅导面谈计划，帮助管理者辩认并整理所需的材料，完成绩效辅导面谈工作。

2. 面谈的解决方式

在这个阶段，管理者与员工必须寻求各种解决问题的方法。经验的累积可以让一个人面对问题时有更多的选择，而这个阶段正需要所有累积的经验，员工可以利用已有的经验想出很多解决方法。管理者必须具体描述员工需要哪些行为上的改变来影响结果，因为员工可能并不知道如何解决表现问题。如果管理者没有具体说明该做什么样的改变，可能只会看到员工做了一些自以为是的行为，却无法改变表现。

这个阶段强调的是共同面谈解决方式，凝聚了管理者与员工双方的智慧。员工可能会提出一些解决办法，如果没有，管理者就必须自己提供。最好的状态是，管理者想到的办法能从员工口中说出。

3. 鼓励员工做事，适当监督

管理者和员工花了大量时间进行面谈后，就要放心大胆地让员工去操作。如果花费大量时间去监督员工的行为，员工就可能不会按照约定的行为标准去做，或做得不到位，最终无法改善绩效水平。但如果管理者不进行监督，员工即使行为上有所改变，既不会得到肯定，也不会得到加强。时间久了，员工就会重拾先前不当的行为。监督的目的不在于惩罚或表扬，而在于通过正强化或负强化来督促员工改善工作表现。所以，在达成约定时，管理者就有必要向员工解释监督的目的，取得他们的理解和合作，使监督成为一种常规性的、对双方都有利的管理手段。

4. 对考核结果进行衡量

进行了以上这些必要的步骤之后，员工的绩效表现可能出现两种情况：达到规定的目标；即使已经有了一些改善，但依然未达目标。如果是第一种情况，员工已经改进了自己的行为或能力，实现了绩效周期初期所设立的目标，那就可以进入下一个目标阶段，开始新的绩效周期循环；如果是第二种情况，那还得进行绩效辅导面谈，重复上述步骤，直到员工具备了完成任务的技能或行为态度，实现了目标，从而才能进入下一个绩效周期。

5. 同意解决问题的方法

这一阶段的目的是，从前面谈出的可能解决方法中，选出真正的解决方法，并达成共识。将可能的解决办法全部混在一起，无益于问题的解决。管理者必须在第二阶段告诉员工：面谈提出的只是"可能的"解决办法，不一定会全盘照用。在这个阶段，管理者与员工不仅要确定最后的解决方法，还要确定具体的实行时间。

将结果运用起来，重视绩效结果的合理应用

一、绩效考核结果的应用

绩效考核结果可以应用在以下八个方面：

1. 绩效面谈依据

帮助员工进步是绩效管理的首要任务。管理者在分析员工的绩效考核

结果后，要和员工进行面对面沟通，肯定员工的进步，指出其存在的不足，挖掘其潜力，规划未来的发展。企业要将面谈结果记录归档，不要走过场、搞形式；面谈有无实质作用也是管理者的考核内容之一。

2. 辞退不称职的员工

管理规范的企业，如果员工不达标或不称职，就不能上岗。不称职的员工在岗位上工作，不仅可能造成公司绩效的损失，还可能影响员工自身的身心状况。淘汰不合格的员工是对企业负责、对社会负责，也是对员工本人负责。

3. 与薪酬挂钩

客观评价员工付出，为他们提供工资、奖金等发放依据。不与薪酬挂钩的考核毫无意义。考核只有与员工利益和薪酬挂钩，才能引起公司上下的高度重视和积极参与。

4. 培训选择依据

通过全面的绩效分析总结，找出企业整体不足，明确改善的方向和重点，确定企业培训的主题和重点。

5. 管理变革依据

坚持长期绩效考核的企业，会与同行业进行比较分析，并能迅速找出企业短板，有的放矢地制定管理变革方案。

6. 检讨员工绩效提升状况

发掘员工的潜力，为他们提供发展的舞台；发现员工的不足，为他们指明努力的方向。

7. 检讨组织效率提升程度

对好的经验进行总结，推而广之；发现工作短板，制订改善方案。

8. 检讨企业目标达成状况

了解企业目标达成程度，修正工作策略，改进工作方式。

二、考核结果应用存在问题

很多绩效考核之所以会失败，主要源于绩效考核结果应用不当。一般来讲，绩效考核结果只有跟绩效工资挂钩，才能实现薪酬绩效的激励作用。如果绩效考核结果与工资、奖金没有任何联系，那就会流于形式；与核心利益无关的变革，自然也就不会引起员工的重视。可是，如果绩效考核结果与个人绩效工资挂钩程度太紧密，也可能对绩效管理的推进产生负面影响。

有家零售连锁企业，理货员一个月工资800元左右，经理觉得对理货员这样的岗位不能实行强激励措施，干得好与不好不能差别太大。于是，提出了方案：考核"优良"增加20元，"待改进"减少20元；同时，将考核结果为"优良"的员工比例控制在30%以内，考核结果"待改进"没有强制规定。

开始总监认为幅度太小，但最终还是接受了部门经理的建议。事实证明，20元的收入增减对于月收入只有800元的员工来讲，还是有一定激励作用的。但如果激励太大，会给"待改进"员工带来太大压力，也会导致公司人员增加不必要的成本。

还有一个绩效管理的案例：

某上市公司员工绩效工资方案为：绩效工资＝绩效工资基数×部门考核系数×个人考核系数，考核结果"优秀"与"待改进"系数分别为1.2和0.8；部门员工绩效考核等级比例与部门考核结果有关联，部门考核结果为"优秀"的情况下，部门员工"优秀"比例高，反之则低。

这个薪酬方案引发的最直接结果就是，部门和部门之间的收入差距过大，部门内部员工之间的收入差距也过大（差距为50%）。公司绩效考核失败。

Part 8 文化管理：
用文化来感染人，用文化去凝聚人

整合理念，建造和谐的文化体系

文化是一个团队共同的认知和行为规范。在文化体系的塑造过程中，千万不能搞"一言堂"，简单地由管理者单向地制订公司文化，然后把文化强行灌输下去，要求其他人机械地执行。如此，根本就行不通。

虽然"一言堂"操作起来简便，它也在一定程度上反映了提出者的想法，但这样形成的文化，容易使团队成员对公司文化的理解出现偏差。而且，团队成员对于这种文化的执行还会产生抵触情绪。所以，作为一个大家后期必须共享的思维和行为方式，团队文化体系在塑造的过程中一定要考虑全员的感受。

因此，文化体系的制订，既要考虑负责人的主要认知和态度，也要让员工或核心成员参与到这个过程中，让大家觉得这个文化体系是众人一起缔造的。记住，只有整合理念，才能建立和谐的文化体系。

一、企业文化的建立过程

企业文化的建立共需要经过五个步骤：

第一步：管理者的头脑风暴。

头脑风暴是一个研讨会，参与人员通常都是公司或团队的核心人员。具体的过程是：

首先，让每一个参会的人都写出五六个自己心目中公司应该具备的文化价值观，或者团队未来的文化发展方向，员工未来应该遵循的思考或者做事方式。

其次，让员工思考。整个团队或整个公司在乎什么、追求什么，想成为一家什么样的公司；如何看待客户，如何看待员工；公司希望大家怎样去做事；员工喜欢和什么类型的人一起工作，共事的方式如何；什么对于实现公司的愿景最重要。

最后，在每个人写出五六个答案后，对一些观点进行合并和提炼，最终形成十个左右团队所希望的文化和价值观。这就是会议的初稿，也是文化价值观的管理层初稿。

第二步：进行小组讨论。

召开一场全员会议，将参会人员分成不同小组，每个小组5~8人。把参与初稿制订的人员派到不同的小组中，让每个小组对文化价值观初稿进行讨论。

如果公司的规模不大，尽量让全体成员都参与；如果公司规模很大，可以让核心成员参加。具体讨论的内容是，从团队的角度来看，在原有的基础上，大家希望补充什么样的做事方式和共识。经过这样的讨论，在原有的基础上增加10~20个价值观和文化体系内容，之后再合并同类项，进行排优。

通过这样的讨论，能够达成一个全员认同的文化和价值观体系。因为是全员参与的，所以每个人都能理解企业价值观中所要表达的具体含义。比如，对待创新，是否认为创新对于团队和公司是最有价值的，公司对创新到底是怎么理解的，什么样的行为才叫创新？这些问题在文化价值体系中都明确地体现了。

第三步：讨论结果反馈。

这一步的主要工作是，将全员头脑风暴形成的文化和价值观文件反馈到管理层。这时，需要CEO或团队负责人来作最终决定，因为管理者决定着团队的主要基调。他们需要从十几个价值观中，进行排优，形成最终文化价值观的定稿。不仅要对文字进行提炼，还要对每条提炼的内容给出详细的注释或解释。

第四步：正式颁布细则。

将沟通讨论后形成的文化价值观体系向公司全员正式颁布，还要通过其他形式进行外部展示。比如，直接发布文化手册，通过网站进行展示等。同时，各成员或管理者都要思考，如何才能在日常工作中把价值观体现出来，变成多个具体的行为，使其成功落地。

此外，在文化体系刚颁布的几周时间内，还要进行反复沟通和解释，倾听员工的解释和反馈，看看这些文化价值观在实际执行过程中有没有什么问题。获取员工反馈的最好方式就是设定一些奖项，对于执行力度较好的员工，可以大张旗鼓地给予一些物质鼓励或精神鼓励，让大家知道这种行为是公司认同的，需要积极地去执行、去效仿。

第五步：年末进行回顾。

年末，要对今年制订新的文化体系进行回顾，要看看文化体系执行得怎么样，有哪些问题，是否需要调整，有哪些条例可以继续遵照执行。

二、企业文化体系建立的关键

要想建立积极、富有激情的团队文化，应该从哪些维度着手？

1. 对团队文化形成共识

在团队文化形成的过程中，形式和内容同样重要。如果有可能，要尽可能地进行头脑风暴或召开研讨会，让团队成员一起思考什么样的文化对于团队发展是最有利的。这种方式产生的团队文化一定有利于整个团队目标的实现，是所有团队人员的共同认知。

在团队文化形成的过程中，让成员共同参与，对于后期团队文化的执行，非常有价值。很多时候，团队成员对于文化体系的漠然或距离感，就是因为在前期大家认为这些文化与己无关、是团队负责人确定的。

2. 将团队文化翻译成员工行为

在团队中，什么样的行为是富有激情的？什么样的行为是积极的？文化体系一定要翻译成员工易于理解、可以执行的行为文化。在描述积极的行为时，可以在这个基础上形成几个比较有指向性的行为文化。

比如，员工积极思考关于团队发展前景的建设性建议和见解等。再如，员工愿意承担责任，愿意负责新领域的探索，愿意负责更多的工作。

通过这样的具体描述，让员工明显地感知到所谓的"积极"的概念。

3. 管理者是团队文化形成的标杆和指针

团队成员通常会将管理者的行为作为他们行为的标杆，如果管理者是富有激情和积极的，员工也一定会这样。

有些管理者的个体能力很强，但是只专注于个人的工作，跟员工之间的互动和情感交流很弱。如何提高他们与成员的互动频率呢？答案就是，团队成员的行为其实是在参照管理者的行为。如果管理者能力很强，但很少与成员进行沟通，导致的直接结果就是，团队缺乏沟通的氛围和文化。

管理者的样子就是团队的样子。如果希望团队发生改变，管理者首先就要改变自己。如果管理者的工作状态缺乏热情、不积极，也就无法要求团队成员富有激情和积极性。

4. 员工正确履行，放大优秀行为

要让更多的人知道，某位员工履行了团队文化，同时对他进行奖励。这种奖励可能是精神层面的，也可能是物质层面的。如此，就能让整个文化在落地的过程中形成一个闭环，让人们知道这就是我们团队期望达成的文化方式。而如果团队成员按照这种方式行事，会得到负责人的认可和奖励，就能激励更多的团队成员朝着这个方向去行进。

从更长远的角度来说，这就是让文化深入整个团队，成为团队 DNA 的一部分。整个文化体系会涵盖具体的员工招募、员工培训、员工激励，在决策重要事项的过程中，员工就能坚持这样的文化体系价值观。假以时日，团队就能慢慢形成对于文化体系的共同认知，对未来的管理产生积极影响。

突出文化个性，打造学习型文化

一、学习型团队特征

学习型团队具有如下三大特点：

1. 共同愿景

团队的共同愿景来源于员工个人的愿景，而又高于个人愿景，是组织中所有员工愿景的合体，是他们的共同理想，能够让不同个性的人凝聚在一起，朝着团队共同的目标前进。

2. 创造性

团队工作有两种类别：一类是反映性的，一类是创造性的。所谓反映就是，上级来检查，下级反映一下，出了事故反映一下……反映有什么作用呢？最多能维持现状，大多数人的大部分精力都用于反映，用于创造的很少。团队的发展是一种创造性工作，没有创造，团队就会走向末路。

3. 不断学习

打造学习型组织，就要不断学习，主要含义包括四方面：

（1）团队学习。不仅要重视个人学习和个人智力的开发，更要强调成员的合作学习和群体智力的开发。在学习型团队中，团队是最基本的学习单位，是彼此需要他人配合的一群人。团队的所有目标都是直接或间接地通过成员的努力达到的。

（2）全过程学习。学习必须贯彻到团队的系统运行中。团队的运行需要经过三个阶段：准备、计划和推行。学习型团队不能先学习后准备、计划、推行，更不能把学习和工作分开，它应该是边学习边准备、边学习边计划、边学习边推行。

（3）全员学习。企业的决策层、管理层、操作层都要全心投入学习，管理和决策层更应如此。因为，他们决定着企业的发展方向和命运，更需要学习。

（4）终身学习。团队成员要养成终身学习的习惯，形成良好的学习气氛，促使员工在工作中不断学习。

二、打造学习型团队

为了吸引更多的人才关注，很多企业在对外宣传的时候，一般都会说自己是一个学习型团队；如此，也能给竞争对手一定的压力。因为大家都知道，学习型团队成长快，竞争力强。因此，对外宣称自己是一个学习型企业的时候，必须懂得如下几点：

1.制订学习的福利

一个关注员工学习的团队，注重员工成长的企业，不仅会体现在企业的发展战略里，还会将员工学习与团队制度相匹配。对于积极学习的成员，除了给予资金资助，还要给予一定的学习奖励；用人的时候，更要优先使用那些爱学习的人。学习型团队只有具备了这一点，才能刺激员工在日常工作中不断学习、不断深造，从而实现自我成长。团队一旦把学习福利作为发展的一项必备工作，就初步具备了成为学习型团队的条件。

2. 重视员工的成长

要想打造学习型团队，首先就要关注员工的成长，让员工的成长与团队的成长相匹配，甚至在某些时候，员工的成长要领先于团队的成长。简而言之就是，员工的成长有多快，团队的发展速度就得有多快。只有时刻关注员工的成长，关注员工的发展，给员工提供成长的空间和发展的平台，才能向学习型团队的方向发展。

3. 关注员工的学习

员工的成长要永远与学习相匹配。一个学习型团队，在企业运营的过程中，不仅会将员工的学习列入企业战略，还会将员工的学习列入各部门管理者的绩效考核单中，每年还会拨出专款用于员工学习。因此，要结合自己的团队，回顾一下自己是否已经做到这些。如果没有做到这一点，就不能算是一个学习型团队。

三、让团队飘满书香

在古代，称赞一个家庭家风好，世代有读书人，有涵养，经常会使用"书香门第"这个词。如今，对于一个工作环境好、员工读书氛围浓、有内涵、素质高的企业，我们也能称其为"书香企业"。那么，如何造就这样一个"书香企业"呢？

方法	重要性	说明
明确读书目的	前提	要让员工明白，读书对于自身是一生受益的事情，其价值体现在多个方面，最重要的是提升自身素质、文化涵养。多读书，才能更好地体现自身的价值。管理者要明确自身在团队中扮演的角色，主动引导员工读书，引导员工多读书，读好书，树立正确的价值观
端正读书态度	基础	团队不可能帮着员工读书，也不能逼着员工读书。团队为员工提供了读书、学习条件，要让员工端正自身学习态度，认真学，高质量地学，做好读书笔记，更要让员工明白：书本，是看世界的眼睛，只有端正学习态度，才能更好地看清自己，看清世界。

方法	重要性	说明
找对读书方法	关键	要让员工学会读书,找到正确的读书方法。员工读书,要让他们将精读和泛读结合起来,要明白书籍的选择与舍弃,知道学习的吸取与反思的领悟。有些人读完书后,对书中内容能理解得非常通透,对作者想表达什么也能说得很清晰;而有些人看了半天,也说不清楚。因此,只有找到适合自己的读书方法,才能提高读书的质量
营造读书氛围	保障	要想培养员工的读书习惯,就要营造良好的读书氛围。团队要注重营造学习氛围,可以举办"读书月"等活动,还可以开设"书香伴我成长"专栏,设立职工书屋,鼓励员工读书。其实,根据各外营点的实际情况,还可以与当地图书馆长期合作,租赁借用多种书籍,建立有多样性且有针对性的图书库;在适当的时机,还可以举办读书座谈会,嘉奖读书表现优秀的员工,打造真正的"书香企业"

坚持"以人为本"的文化管理理念

随着市场竞争的日益激烈,是否具有积极向上的企业文化,企业文化的内涵能否适应员工的需求,能否"以人为本"地不断提升企业文化建设水平,在很大的程度上,决定着企业的前途和命运。

在建立企业文化的过程中,管理者必须充分认识到坚持"以人为本"的重要性,把文化建设放到企业基础建设的重要位置来抓,加大文化建设的力度,提升文化水平,使之更加适应企业内外部环境变化和市场竞争的需要,推动企业的健康发展。

一、坚持"以人为本"的好处

打造企业文化,坚持"以人为本"的好处主要体现在:

1. 培育优秀企业文化，提高竞争力

打造优秀的企业文化，就是要把企业的优良传统、价值观念、品牌形象、服务理念、经营目标、行为准则等方面，都融入到员工的思想和行为中，体现在企业的各项工作中。

理想的企业文化，能使员工感到宽松和谐，有一定的压力，也有更多的动力，能够营造愉悦的工作氛围，能够让与企业接触的所有人都感受到优质服务、细微服务和温馨服务的氛围。

企业文化建设应坚持"以人为本"的原则，企业文化既能通过有形的品牌、产品、司容、司貌、司徽、服装等予以展现，也可以通过员工的精神风貌、工作效率、服务水平、组织纪律性、创新能力以及企业的向心力和凝聚力、宽松和谐的氛围等得到体现。

2. 建立和维护优秀的企业文化

优秀的企业文化不是自发形成的，需要在一定的基础上培养和打造。员工自觉遵守的行为准则是企业文化中的重要组成部分，而员工行为习惯的养成，只能在规章制度的约束和干预下形成，在良好的舆论环境的影响下巩固。严格的规章制度和良好的企业舆论环境，既是衡量员工行为的尺度，也是造就优秀企业文化的前提。

但是，企业规章制度实施的对象是员工，推行的效果如何，主要看它是否适应员工的文化层次、接受能力和贯彻执行的自觉性。因此，企业必须在各项规章制度的制定和实施中坚持"以人为本"的原则，保证企业文化能有效地落实，使企业的经营目标、经营理念等通过这些规章制度的推行来实现。

3. 吸引员工参与到文化建设中

"以人为本"的企业文化，一般都重视员工参与企业文化建设的积极性和创造性，能够将员工吸引到企业文化建设中来。企业的主体是人，各项活动的开展都要依靠广大员工的共同努力。企业文化是员工整体素质的综合体现，要通过员工的思想观念、精神境界、理想追求、是非标准、日常行为来体现，更需要广大员工的共同参与。

这样的企业文化，能够培养员工的主人翁责任感、敬业精神和协作奋斗的团队精神，更能使员工增强"司兴我荣、司衰我耻"的思想意识，有利于在公司上下形成团结协作、奋发向上的良好氛围，为企业的可持续发展提供强大的精神动力和文化支持。同时，还能从提升服务品位入手，鼓励亲情介入和换位思考，提高文明规范服务水平。

最大限度地吸引员工参与到企业文化建设中来，还能保护员工工作中的积极性和创造力，充分发挥他们的聪明才智和首创精神，达到发现人才、培养人才和合理利用人才的目的，进一步提高企业文化建设的水平，增强企业的竞争力和发展势头，更好地实现企业的经营管理目标，促进企业的健康全面发展。

二、如何坚持以人为本

对于企业来说，生存是基础，发展才是硬道理。在众多制约企业生存与发展的因素中，"人"的因素位居第一。没有"人"的存在，其他因素的价值也就无法体现。因此，在企业内，只有员工的智慧、力量得到有效发挥，企业才能发展壮大。

对于管理者来说，管理好"人"的资源是当务之急。那么，如何发挥"人"的资源优势呢？如何坚持"以人为本"呢？

1. 相互沟通，给员工权利

企业要推行较大变革时，一般都是企业高层才拥有参与决定权，只有个别员工能够享有献言献策的权利，有些企业甚至根本就不允许普通员工参与。同时，在普通员工眼里，企业中的大事都是领导说了算，企业的主人是为数不多的领导层，他们只有埋头苦干的份，没有为企业大家庭建言献策的机会。

员工即使心有不满，也无处诉说，长此以往，致使管理者与普通员工貌合神离，甚至会影响企业的精神状态。要想解决这个问题，就要吸引广大员工参与到企业的文化建设中来，不能让员工只满足于被动参与，要鼓励他们主动成为企业文化的建设者和缔造者。只有员工积极参与建设，才更能集思广益，其结晶才更能被广大员工所接受，才能具有可行性和约束性，形成良好的群体性舆论环境。

2. 强化员工技能，不断开阔视野

坚持"以人为本"的原则，不仅要积极开展教育培训工作，还要采用"送出去，请进来"的作法，或从优秀企业中邀请某一方面的专业技术人员、高层管理者对本企业的员工进行培训教育，推动全体员工业务技能的提高；可以将少数员工送到其他企业，进行实地考察，学习他人的先进技能，切身感受他们的治企管企方略，不断开阔思维，发现本企业的治企管企的不足，为以后的企业发展奠定基础。

3. 让员工与企业产生共振

随着劳动用工体制的改革，社会保险机制的进一步完善，人们的思想观念已经冲破了传统观念的束缚，不再死守着一家企业不松手。员工思想活跃，"跳槽"的念头频出，如果企业效益低迷，但文化体系非常好，员工会以宽容的心态表示理解，会以满腔的热情为企业发展出谋划策，帮助企业走出困境，实现双赢。

开发多元文化，构建和谐的文化氛围

很多团队都风格迥异：有些团队成员都来自同一个国家，是单一文化；有些团队中的成员则来自不同文化背景的国家，属于多元文化。管理多元文化团队与传统团队之间有着显著的不同。对于多元文化团队中的文化差异，如果处理得当，就能事半功倍；否则，就会降低成员的协作程度和彼此间的信任度，甚至可能造成严重的后果。

一家外企的华东区销售总监甲，向中国某企业负责人乙销售市场监测软件系统。乙不想合作，但又跟甲有些交情，就派了员工丙跟他洽谈，介绍说："这是我们公司的市场项目主管。"之后，甲就一封又一封邮件紧追着丙不放。甲的中文很好，最初的邮件都是用中文写的，看到丙有些推托，就改用英文来写，有一封竟然全篇用的都是大写字母，还抄送给了乙一份。

为了婉拒，丙列举了三点原因：第一，软件中文版本功能还不够齐全；第二，内部团队还需要评估；第三，经费预算不够，可以帮他问问其他客户。之后，甲来打电话，语气相当强势，责备丙回复邮件不及时，而且没有针对他所列的问题给予明确回复。

由于文化差异和时差问题丙没有直接拒绝甲。在甲挑剔邮件的种种细节不完美时，丙只好不紧不慢地用中文应答。

在公司中，优胜的团队往往不是凭借快速的工作方式，而是凭借良好的沟通协作能力。他们能够较好地调节成员间的时间，理解来自不同文化背景下员工的观点对管理的影响，且能够将这些观点集合协调应用到团队的工作中。

那么，如何构建多元化团队文化呢？

一、正视差异

如果团队成员都来自同一种文化背景，内部沟通的挑战多来自不同成员对各自任务目标的理解和个性方面的差异。面对团队中不同文化背景的成员时，文化差异所引起的困惑和不适感就会显现了。开始可能是对对方的工作方式，甚至是一些工作习惯等产生疑问，如果没有得到及时关注和解决，员工之间就可能降低配合度，甚至会产生抵触行为。

举个例子：

丹麦同事问琳达，为什么她在中国的同事请她完成一项工作，之后还要不断地写邮件询问进度，同时抄送给很多不认识的同事。以琳达对丹麦文化的理解，丹麦人在工作中都非常尊重他人的责任空间和独立性，也很守信用，即使是一项口头协议，一旦协商好，双方就会独立地展开工作，到了时间，交付即可。如果中途遇到问题，丹麦人会主动和你协商解决方案。如果一方在过程中反复追踪进度，反而会引起对方的不满。

说到底，还是东西方文化和价值观存在的根本差异。

作为一个多元文化团队的领导，在重视文化差异的同时，还要克服两个误区：

一是无视文化差异，以上下级关系带动团队工作。企业扩展到海外，给当地带去了宝贵的资金和工作机会，可由于强行推进本国的管理文化，却遭到了当地人民的强烈抵制。作为团队领导者应该清楚，任何冲突都不会自动消失，跨文化冲突同样如此。

二是认为文化多元只会带来问题。要想打造有创造力的团队，就要用积极的态度对待多元化。管理跨文化团队首要的任务，就是认识到成员间文化上的差异，有针对性地消除这种差异可能带来的冲突。这样，团队就能发挥多元文化的优势，可以高效地、有创造性地协同开展工作。

二、消除文化障碍

如何才能在团队中消除文化障碍呢？

1. 用信任化解冲突

如果团队的主要冲突在于对性格差异或任务目标产生分歧，就可以运用各种分析工具，如 MBTI、HBDI、EQI 等，对团队成员的情商、性格偏好和职业性格等进行分析，并得到合理建议；也可以通过制订共享的任务目标，重新协调团队内部的合作，解决任务型冲突。

冲突，在所有跨文化团队中都不可避免，因为文化和价值观的差异是根深蒂固的。信任是化解潜在文化冲突的良方，因此在团队中首先要建立信任感。

2. 相互尊重和理解

消除冲突的根本途径在于通过沟通建立起信任。在有些文化中，员工需要通过联想了解管理者要表达的意思；在另一些文化中，就很难要求员工与管理者有相似的联想。因此，双方需要用更具体的语言进行沟通，并不断进行解释。

理解和尊重彼此的文化差异，是建立信任感的最佳途径。团队成员彼此间越信任，越不会将观念之争误认为是个人之争。因此，成功的团队管理者，一定要依靠面对面的接触来建立起信任。

在互联网技术的支持下，为了节省运营成本，越来越多的公司都在提倡远程会议、虚拟办公，甚至有些公司的坐班人员比在家工作的人还少。但不可否认的是，面对面的接触和交流是不可替代的，即使是由于客观原因分散在各地工作的团队，也要尽可能每年或每两年全体聚会一次，提高沟通效率。

从基本理念出发，打造"家"文化

如今，各企业越来越重视企业文化，"家文化"更以其独特的魅力吸引了众多企业。提倡"家文化"，有成功，也有失败，甚至有些人对"家文化"产生了质疑。"家文化"不是万金油，它有着自己独特的生存土壤。很多企业提倡"家文化"，但也只是把"家文化"作为一个美丽的词汇来引用，却很少能将员工关系打造成"家"的氛围。

一、"家"文化的内涵

"家文化"的内涵主要体现在"家和"上。"家和"是指"家文化"的和谐观，这是"家文化"追求的理想境界。"家和"是"家文化"的精髓，不仅是艺术化、外部化的审美追求，还是伦理化、内部化的价值观念。

"家和"以"和"文化为理论基础，追求员工之间和睦、互助、共进的氛围，既强调员工个性，又强调员工与企业之间的和谐，让企业形成一个团结、凝聚、协调的整体。在企业内部，"家和"需要管理者(家长)与员工(家庭成员)建立共同愿景，认真倾听员工声音，与员工沟通，处理好"小家、大家、万家和国家"的关系。

在企业外部，企业要与相关企业"家和"。因为只有"家和"，才能内和外顺，企业才能适应不断变化的内外部环境，提升经营业绩。当然，要想实现"家和"，必须正确处理以下关系：

1.企业内各利益群体的关系

企业的生存发展是以内部关系和谐为基础的，"家文化"正是通过

"家和"作用于内部机制。在处理企业内部关系时，要在求同存异和求异存同中实现平衡，实现企业内部各利益群体的和谐。

2. 企业与自然的关系

促进人与自然的和谐，是企业的社会责任。企业应遵循可持续发展战略，以"家文化"的"和谐自然观"为指导，倡导绿色营销和循环经济。

3. 企业与企业之间的关系

"家文化"倡导企业之间既竞争又合作，促进社会关系的和谐。

以"家和"为精髓的"家文化"倡导和谐、整合，能够构筑起和谐企业的管理新优势，进而把"家文化"构建成企业的核心竞争力。"家文化"是一种先进的企业文化，因为它倡导和谐，提倡民主团结、依法治企、以德治企、公平诚信、安定有序。因此，倡导"家文化"的企业往往是对国家、对社会负责的企业。这样的企业能够代表全体员工的根本利益，能有效引导员工在道德行为、权利义务等方面的进步。

二、"家"文化的好处

企业和家庭同属人类社会组织，既有不同之处，也有相似之点。作为由"人"构成的群体组织，两者都是满足人们需要的场所。因此，两者在文化属性上有很多共通之处。"家文化"蕴含的一些价值观，在企业中同样适用。

建设"家文化"，可以在以下方面弥补企业契约的不足，提升企业竞争力。

1. 降低道德风险

由于信息不对称和契约不完全，契约双方可能出于自身利益最大化的考虑而出现道德风险。对企业来说，道德风险表现为员工出工不出力；对员工来说，道德风险则表现为企业利用信息优势和强势地位损害员工的利益。

契约无法有效解决这一问题，但"家文化"中相互信任、甘愿付出的价值观却能有效降低道德风险出现的可能性。如果企业能如对待家人一样对待员工，就会让员工对企业产生家人般的信赖，从而表现出超越契约要求的奉献精神。如果员工像对待家人一样对待企业，则会使企业更加信任员工，减少因监督行为而消耗的企业资源，降低管理成本。

2. 让契约关系少了冰冷

企业契约主要约定双方的经济利益关系，较少涉及情感关爱。为使自身利益最大化，处于强势地位的企业可能会尽可能少地承担对员工的关爱责任，使契约关系过于"冰冷"。但人除了有基本的物质需求，甚至还有被关爱的精神需求。冰冷的契约关系无法满足员工情感上的需求，会使员工敬业度降低。

"家文化"中成员间真诚付出、相互关爱的价值观，会让企业氛围更加温暖和谐。在温暖和谐的氛围中，员工的情感需求能得到更好的满足，满意度和敬业度也会更高。

3. 减少员工的不安

相较于家庭成员关系的强稳定性，企业的契约关系具有较强的不稳定性，容易让员工产生不安全感，产生压力和焦虑，降低生产力，工作中更容易出错。"家文化"长久相伴的价值观会给员工一种明确的组织承诺，使员工更加安心，有利于提升员工对企业的信赖感，从而更愿意为企业付出。

处在工业化和城市化的进程中，社会环境变化较快，社会保障体系仍不完善，员工会感受到更多的不确定性，更容易感受到压力，产生焦虑情绪。企业营造"家文化"，可以使员工产生更强的认同感、归属感和凝聚力。

从本质上来说，企业文化就是一种弥补法定契约不完备的心理契约。与法定契约相比，心理契约具有模糊性。因此，心理契约的达成和传播往往需要借助双方都熟悉的某种比拟物。"家文化"将家作为比拟物，比拟企业所需的价值观，共识广、易理解、易传播。从这个角度来说，企业建设"家文化"，对企业所需心理契约的达成具有最佳的效果，这是其他比拟物无法代替的。

三、建立"家"文化

要想建立"家"文化，就要从以下几方面做起：

方法	说明	细则
营造人际文化	加强情感疏导和人文关怀	具体方法是：在关爱中凝聚人际文化，开展"排忧解难题""三八送温情""拜年叙家情"等系列亲情关爱活动，将员工的婚姻问题、子女入托入学等问题时刻牵挂在心，员工生日、婚嫁、生子等前往道喜
	在活动中凝聚人际文化	组织参观考察、体育竞赛、送戏下乡、茶座交流等集体活动，使员工感受到"被爱""被关怀"，感受到"家"的温暖，激发员工的归属感
健全制度文化	执行制度的人情味	制度一旦形成，就具有规范性，但是在实施过程中不能按照制度直接惩罚。要跟员工沟通思想、交流看法、达成共识，照章办事，规范制度
	制定过程的人性化	在制定制度的过程中，要让所有员工参与并发表意见，并进行一段时间的试行，对制度执行情况征求意见，逐步修订完善
	制度内容的人文性	既不能太严，也不能太宽。太严了，缺乏人情味，执行起来有困难；太宽了，缺乏约束力，就会失去制度本身的意义
培育精神文化	共享优质资源	吸纳符合条件的新员工进入，立足员工本职，多方面、多层次地团结、培养、服务新员工，为员工搭建学习交流、合作共事、贡献智慧的载体，形成"心往一处想，劲往一处使"的团队精神
	提炼主流思想	在前几年已经形成的办会思想基础上，重新讨论梳理，并形成以"奋进之家、和谐之家"为核心的主流新思想
	关注员工成长	利用企业内外资源，积极为员工搭建煅炼能力、展示风采的平台，发现、关心和培养优秀员工，并积极向各级组织推荐

Part 9 创新管理：
培养创新思维，提高团队创新意识

提高创新意识，不要固步自封

有这样一个故事：

美国，有一位工程师和一位逻辑学家，是无话不谈的好友。一次，两人相约去埃及参观著名的金字塔。

两人很快就到了埃及，住进宾馆后，逻辑学家仍然像平时一样写起自己的旅行日记。

工程师一个人走上街头，忽然耳边传来一位老妇人的叫卖声："卖猫啊，卖猫啊！"

工程师一看，老妇人身旁放着一只黑色的玩具猫，标价五百美元。

工程师走近询问。妇人解释说，这只玩具猫是祖传宝物，因孙子病重，不得已才出卖以换取住院治疗费。

工程师用手将猫举起来，发现猫身很重，看起来似乎是用黑铁铸就的。不过，那一对猫眼则是珍珠的。于是，他就对老妇人说："我给你三十美元，只买两只猫眼！"老妇人一合计，就同意了。

工程师兴高采烈地回到宾馆，对逻辑学家说："我只花三十美元，就买下了两颗硕大的珍珠！"

逻辑学家一看这两颗大珍珠，少说也值上千美元，忙问朋友是怎么回事。工程师讲完缘由，逻辑学家忙问："那位妇人是否还在原处？"

工程师回答说："可能还在那里吧。因为想卖掉那只没有眼珠的黑铁猫！"

逻辑学家听后，急忙跑到街上，用二百美元，把猫买了回来。

工程师看到后，嘲笑道："你呀，花二百美元买个没眼珠的铁猫！"

逻辑学家不声不响地坐下来，开始摆弄这只铁猫。突然他灵机一动，用小刀开始刮铁猫的脚，当黑漆脱落后，露出的是竟一道黄灿灿的金色印迹。他高兴地大叫起来："果不出所料，这猫是纯金的！"

原来，当年铸造这只金猫的主人，担心金身暴露，便将猫身用黑漆漆了一遍，伪装成一只铁猫。

看到这一幕，工程师很后悔。逻辑学家转过来嘲笑他说："你虽然知识渊博，但缺少一种思维独创性，分析和判断事情不全面。你应该好好想一想，猫的眼珠既然是珍珠做成的，那猫的全身会是不值钱的黑铁吗？"

思维的独创性是创新思维的根本特征，所谓创新，就是要敢于超越传统习惯的束缚，摆脱原有知识范围和思维过程的禁锢，把头脑中已有的信息重新进行组合，发现新事物，提出新见解，解决新问题，产生新成果。

在日常企业管理中，很多管理者都会抱怨自己的员工只会"上级说什么就做什么"，缺乏自主创新能力。团队的进步依赖于员工的创新和工作，如果缺乏创新能力，是十分可怕的，一个没有创新能力的企业，其前景也是令人担忧的。

不会创新的企业，早晚会被市场遗弃；不会创新的员工，同样也会被社会淘汰。那么，如何提高员工及团队的创新能力呢？

一、利用员工的优势与特点

如果员工的某个特点，对企业发展有利，就要鼓励员工在工作中多发挥该特点，不能每招聘一个新员工，就将其身上的棱角同化掉。对员工要进行分角色管理，不能一刀切。对所有人都采用同一种管理方法，后果可想而知。其实，每个新人在刚进单位时，或多或少都会带给团队创新能力，比较容易在工作中产生创新成果。如果企业喜欢压制员工的新奇想法，长此以往，在这种管理和文化的感染下，员工的棱角就会被逐渐同化掉，会逐渐失去创新力。

二、减少考核带来的副作用

要想提高创新意识，就要努力提高绩效考核的科学化程度，目标要层层分解，目标任务要量化、可实现，不能夸大考核过程的不公平和不公正。此外，给员工制订的考核目标必须明确，不要掺杂太多的主观因素。如果目标定得太高或太低，再加上不公平的考核过程，指标的不匹配，就会将员工的创新能力逐渐扼杀在摇篮中。

三、减少对人才的偏见

团队中，有些管理者会对某位员工说："某某肯定干不了这事，还是你去吧。"结果，原本不被看好的人比领导指派的人干得更好。因此，看待员工一定要一视同仁，公平对待。对员工有偏见，不仅不利于工作的完成，还会将员工安排错了位置，事倍功半。只有根据员工的能力安排适当的工作，才能达到最佳的工作效果。

四、减少招聘的短视行为

为了提高创新意识，就要尽可能地招聘对企业和个人发展有长远规划、能力突出的人员。企业招聘时，如果因为招不到合适的人，就随便拿一个人用，导致岗位上都是一群能力不匹配的人，试问创新能力从何而来？因此，在招聘的时候，一定要对创新能力提出要求，缺乏创新意识的员工，尽量不要招进来，否则后患无穷。

五、减少对员工的监控

管理者给员工下达了任务后，只要等着员工交上满意的结果就行，没必要在工作过程中过分监控。完全按照上级指示完成的工作，不一定是最好的。而且，员工的工作创新能力很可能会被过分监控给抹杀掉。

鼓励员工多角度思考问题，少些偏见

在工作中，需要鼓励员工思考，不断总结自己在工作上的得失并发现自己的问题所在，员工才能得到进步。事实证明，善于思考的员工在工作中会更加高效，他们不会按部就班地去工作，而是会寻找更有效的工作方法。

多数管理者都喜欢听话的员工，他们承担了企业正常运行的大部分工作，尤其是制造类企业。员工听话，才能形成较好的向心力和凝聚力，才能降低管理成本，减少内部消耗。为了追求价值最大化，就要从增加收益、降低成本、开源节流上下功夫。

很多企业普遍采用的管理模式是：确定一个最佳流程，然后让员工按部就班地遵循，开展自己的工作。为了实现这一目标，企业会推出大量的操作培训项目，让员工尽快按流程、以最高的效率完成工作。员工忙忙碌碌，按时打卡上下班，如此，工作也就成了一种简单的交易。

每当问到管理者认为员工缺乏哪些能力的时候，答案普遍是："我们希望员工能独立思考，而不仅仅是听从命令"，当今世界变化太快，客户需求难以预测，对手步步紧逼，企业要想生存下去且兴旺发达，那员工不仅要带着手，还要带着脑子来工作。那么，如何才能让"听话"的员工更会思考呢？

一、为员工思考提供平台

不可否认,员工的思考成果需要一个输出和展示的平台,利用每月的"合理化建议""持续改善会议""新点子交流会议",就能为员工打造一个输出思考的平台,与其他成员沟通想法和意见。

无论是以辩证式的方法大声交谈,还是透过静态的文字书写方式交流,都能让员工透过这些有形或无形的沟通方式展开思考:公司有什么需要改善的,如何做会更好,如何让每一位员工开心……

针对眼睛看到的、心里想到的、工作中遇到的,员工都会提出相应的意见和改进办法。比如,如何节约用水、用电,如何保护办公家具和新产品开发、客户服务等。只要在可行范围内,符合成本预算,就要放手让员工去做,让员工感到自己的想法被重视,个人价值就会有所发挥。

每个人都喜欢自己的意见被尊重,希望自己能成为团体及组织中的积极分子,更喜欢发挥自己的影响力。只有觉得自己对组织、对公司有所贡献,员工才会自发地思考。

形成机制的建议通道,能够让员工把工作中的思考转化为生产力。同样,员工"心声"也不可忽视,企业可以考虑建立专业的发声渠道。例如,"有声邮件"24小时服务专线,通过此渠道接受所有意见、建议、批评、想法和创新点子,如教育培训、员工薪资、员工福利等。这样,就能将员工对于工作的思考与薪资福利的心声同等重视,但又区别开来。

二、不限制员工思考的范围

员工觉得工作有趣或有成就感,自然就愿意投注更多的心力在工作上。再加上,适才适性地分配其工作范围,更能发挥每位员工的效能。不限制每一位员工的思考范围,使员工保持弹性思考的能力,员工也就会不受限制地为团队作出贡献了。

业务部的人,也能为客服部的人想出好点子;产品制作包装的好点子,也不见得只能由研发部想出来……只要有一个小小的好的开始,就可能创造出许多意想不到的成果。

三、"小"改善体现"大"思考

很多企业喜欢用"改善"一词,其实,改善也是企业的一种经营理念。细节决定成败,每天改善一点点,日积月累、涓滴成海,"小"改善就能带来许多看似微不足道的小效果,并最终给企业带来无限的效益。

著名的"丰田模式"的核心支柱就是持续改善,促进创新与发展。丰田的员工都是问题的解决者,根据不同的岗位要求,每位员工都接受过严格系统的培训,掌握了不同问题的解决技能,从而能更好地承担自己工作范围内的职责。

减少过度监控行为,让员工自由发挥

阿拉斯加航空公司所在的行业,监管程度高、安全要求高、利润水平低、人员多样性高,还有工会组织。

20世纪90年代,阿拉斯加航空还是一家相对较小的公司,但特点却很鲜明:员工友善而不拘泥于礼节,热心助人。公司鼓励一线员工根据实际情况自行作出决定,更好地为客户提供服务,并保持竞争优势。

当时,一位管理者将这种服务理念叫作"尽一切所能",这句话如今已经成为阿拉斯加航空公司的宗旨。公司敦促员工竭尽全力帮助、安抚乃至补偿乘客,打造满意度、忠诚度高的客户基础。

管理者认为(或希望),员工会在考虑公司利益的基础上,完成额外工作。可是,当员工对于公司利益并没有清晰认知的时候。"尽一切所能"

就是一种完全以客户为中心的松散理念。施奈德担任飞行运营副总裁的时候，一些员工误以为自己可以为乘客做任何事而不受限制。

让员工独立作决定的价值，在一场危机中得以体现。

2000年1月，阿拉斯加航空公司261次航班坠入太平洋，机上88人全部遇难，客服工作人员立刻采取行动，帮助遇难者家属及其他相关者。公司派出600名员工，拿着公司信用卡为受到事故影响的人提供诸如安排酒店房间、临时保姆的帮助。

这场事故促使阿拉斯加航空内部文化进行了转变。公司暂缓增长计划，加强安全管理，任命了一位安全副总裁，多聘用了200名左右的维修人员。之后不到两年，美国发生了"9.11"恐怖袭击事件，航空出行的需求骤然下降，安全成本上升。2001年，阿拉斯加航空公司亏损4300万美元。阿拉斯加航空准点率降低，客户满意度岌岌可危。

面对安全、成本和表现等方面的压力，阿拉斯加航空对自由和控制两者的取舍落入了窠臼。为了应对不确定因素，公司加强了管控。可惜，航线管控增强，员工的自主权受到了压制，地勤、空乘和其他一线员工渐渐不再自行判断和解决问题，客户服务质量开始下滑，竞争对手追了上来。

领导者征求一线员工的意见，发现官僚作风让员工束手束脚。因此，2014~2015年，阿拉斯加航空找回了一线员工自主裁决的文化，希望重拾过去优良的客户服务作风。在2017年J.D.Power评分中，阿拉斯加航空公司获得了客户满意度最高分。公司保持着低成本先锋的地位，名列美国燃油效率最高的15家航空公司之首。

与受到严密监控的劳动力的惨淡景象相比，信任度高的工作环境会让员工在寻找自营职业方面三思而后行。报告显示，被高度信任的员工对工作更加投入，他们会承受较少的压力和疾病，在工作中投入更多的精力。

员工处于信任的环境中时，每天都可以自由地为自己和工作作贡献；当他们相信自己的声音很重要的时候，更可能说出自己的想法，而不用担心会受到责备还是赞扬。

为了不断追求生产力而监督员工努力工作，大多数管理者会同意这些监控行为。其实，少些对员工的监控说不定对工作结果更有效。

一、少些考勤跟踪

这是最常见的一种监控员工的方式。为了监控员工的出勤情况，有些企业会使用考勤机（指纹、IC卡），让员工打卡，获得员工特定时间段内的出勤情况，包括上下班、迟到、早退、病假、婚假、丧假、公休、工作时间、加班情况等。如果员工连续迟到几次，公司就会作出相应的惩罚，如罚款等。虽然员工按时上班是工作的基本要求，但跟踪员工的考勤，会让员工觉得自己的行为被监控，会让他们感到不舒服。因为，既然要减少对员工的监控，首先就要少些考勤方面的监督，只要员工按时来公司上班，迟到一两分钟也并无大碍。

二、不要装监控摄像头

为了对员工的行为进行监控，很多办公室、工厂，都会安装监控摄像头，许多员工甚至没有意识到它们的存在。很多公司都会在办公室的天花板下或某些角落，安装一个摄像头。其实，这种监视对于员工本身可能是有用的，因为它可以防止员工在工作时间内的小罪行。但这样做，很容易侵犯员工的隐私。为了不让管理者抓住把柄，员工战战兢兢，害怕失去工作，工作积极性必然会降低。

三、放弃GPS位置跟踪

目前可用于手机正常的远程管理应用程序很多，有些公司会建立远程管理控制台，在员工手机上安装终端，定时或随时定位，并将位置信息传回控制台。这在技术上并不复杂。可是，对员工进行定位，表面上是关心员工的个人安全，其实也是对员工的变相跟踪。虽然这种跟踪，能够让一些想利用外出时间干工作以外事情的人心有忌讳，但真正对工作负责的人，就会觉得企业不信任自己，从而对企业失去信任。

四、不要电话录音

虽然监控摄像头能跟踪员工在办公室的位置，但无法监控到声音或确切地知道员工正在做什么。为了解决这个问题，有些公司会采用录音的方式，如给公司电话做个跟踪系统。当员工跟客户沟通的时候，通话就会被直接连接到管理者那里。如果公司是机密性质的，这样做确实能防止公司的内部技术资料外漏；可是如果是一家普通公司，这样做可能就有些不妥了。

五、少用监控软件

通过监控软件可以轻松知道员工在使用电脑干什么，如聊天监控、邮件监控、屏幕监控、网络监控、桌面监控、文档加密、文件加密、图纸加密、上网行为管理软件等。即使如此，这些监控也要尽量少用。如果员工时刻都处于企业监视下，会感到心身的疲累，不利于工作的顺利开展。

将"试错"融入团队制度

时间是有限的，每个人的精力也是有限的，但创新永无边界。因此，创新看起来就像一件极有价值却不容易做到的事情。可是，社会没有创新则无从进步，公司没有创新则无法发展，个人在工作中如果没有创新也很难获得成长。这就要求我们，即使不容易实现，也要勇于尝试。

工作中，要鼓励员工不断积累、持续钻研，会做事也要会思考，大胆设想，踏实践行，做到"创造性"地工作。要让员工相信创新的价值，相信自己所具有的主观能动性和创造性。

1920年，在法国康邦街31号有一个时装设计沙龙，女孩可可已经是时尚界里赫赫有名的人物。可可一直都想拥有一款独特的香水，可是，纵观市面上所有销售的品牌香水，都是靠鲜花的花香来调制的。可可想，自己为何不研发一种独特的香水，来扩展自己在时尚界的版图？

确定了目标，可可找到巴黎香水界著名的"鼻子"恩尼斯，说："我想做自己的品牌香水。"接着，她给恩尼斯提出了要求："我的香水里不能有一丝玫瑰的味道，这种香水要完全由人工合成和设计！"

听到这个要求，恩尼斯吓了一跳，"人们都追求自然的香味，你为什么要人工合成呢？这想法真是太奇特了！"

那时候，恩尼斯正在研究乙醚，它是一种极易挥发的合成物质，可以用来麻醉。少量使用乙醚，就能让植物香气轻灵地散发。可可大胆地建议："何不用乙醚来调制香水？"恩尼斯否定说："还没人敢用乙醚来制作香水呢！""为什么就不能打破这个常规呢？"看着这个倔强又认真的女孩，恩尼斯终于答应可可尝试一下。

没过多长时间，恩尼斯就创造出了一种没有单一主导型的香水。乙醚的加入，让香水拥有了一种魔幻的诱人香味！

1921年的一天，恩尼斯把研制出的几种香水样本交给可可，让她挑选一款比较满意的。细细闻过之后，可可挑出了其中的第五款，兴奋地说："就是它了，它就是我想要的香水！我要把它命名为'香奈尔5号'！"

很多时候，创新就是要敢于试错。没有什么是不可能的，不试一下怎么知道结果如何呢？

当今时代，瞬息万变，日新月异，创新成了市场竞争的利器。如果只知道走过去的老路，就会被竞争对手击垮，被时代所淘汰。因此，企业要努力营造创新氛围，鼓励创新；员工要树立创新的意识，勇于试错。

在日常工作中，要让员工树立"问题意识"，学会思考，乐于钻研，要敢于试错，敢于冒险。即使是普通员工，也要让他们坚定信念，不断尝试，不断挑战，不断超越自我，激发潜能。

企业要为员工打造试错的环境和机制，激发员工的创造性。改革创新，既是一种思想方法，也是一种实践历程，没有现成的路径和答案，只能"摸着石头过河"。创新，难免会出错甚至失败，如果因为害怕犯错就固步自封，就只能被甩在时代潮流后面。

一、不仅要勇气，更要智慧

提倡敢于试错，并不是对错误抱着无所谓的态度，而是要克服"怕"的心理，有出错的心理准备；并不是要"眉头一皱，计上心来"的草率，或"脚踩西瓜皮，滑到哪里算哪里"的蛮干，而是要实事求是，在充分考虑、充分论证的基础上放开脚步；不是要好高骛远、急功近利，而是要立足实际、追求实效，实现事业发展的"改版升级"；既要认真听取民意，突破阻碍事业发展的体制束缚，打破利益的藩篱，又要不为流言蜚语所动，宁可不完美，也不止于行。

二、建立容错纠错机制

在工作中要宽容员工，特别是改革创新中的失误，进一步明确权责边界，加强对权力的约束，健全权力运行的制度轨道，创造一个"随心所欲，不逾矩"的工作环境，努力营造"鼓励创新、宽容挫折、容忍失败"的宽松氛围，让员工放下思想包袱，轻装上阵。

"敢于试错"对于优秀的团队来说十分必要。每个团队都要营造冒险文化，如果害怕失败，害怕在创新实验的征程上失败，那么团队只能发挥80%的才能。为了支持有成效的冒险，团队必须建立容错纠错机制。

提高员工的学习意识

当员工的工作能力得到提高的时候，就会为企业创造更多的价值，带来更多的利润。所以企业都希望自己的员工在工作中能够快速提高自己的能力，独当一面，创造更大的价值。

李佳是一家企业的培训主管，主要负责人才发展和培训业务。公司把销售工作作为整个公司业务的重中之重，每个月，李佳都会邀请一些专业的老师给各部门培训销售课程。但是努力了半年，公司业绩还是没有明显的提升。因此，李佳决定和其他部门员工聊一聊，看问题具体出在哪里。

经过面聊，李佳才发现，原来大家对产品专业知识掌握不足，在与客户沟通时只是用销售技巧，很难与客户建立信任关系。为此，李佳设计了一个表格，让各部门填写具体的培训需求。经过一个季度的努力，大家普遍反映各项培训活动很有针对性，各部门业绩都有所提升。

学习能力的重要性不言而喻，尤其是在知识爆炸的今天，对企业来说，员工必须持续学习才能面对激烈的竞争，对员工个人来说，保持良好的学习能力，有助于获得更好的职业发展。

经营企业，就是经营人才；为人才赋能，就是为企业赋能。在马斯洛需求层次理论中，员工得到接受培训教育的机会，属于最顶层的"自我实现需要"，与带薪休假、担任领导者责任同样重要。

概括起来，企业可以关注以下 5 个突破点，来满足员工再学习和自我提高的需求。

一、搭建学习平台，引导员工学习

在企业中，不管是管理、生产、销售等不同的职能分工，还是从下层队伍到上层骨干的阶层分布，都需要经历技术锻炼、经验积累和资历积淀的缓慢过程。企业可以利用这种人力资源结构的分布特点，建立一个员工培养体系及交流平台，让上层员工向下层传递技能和经验，让不同职能的员工快速学习到自己不曾掌握的知识。如此，不仅可以增强员工队伍的整体业务能力，还能融洽公司内部的文化氛围。

二、打造适合员工的知识结构

进行自主知识管理，要从团队实际情况出发，配置符合自身特点的知识体系。一是界定哪些知识值得管理：可以从业务核心、团队战略和人才发展的角度切入，找到团队所需的知识点。二是准确定义知识管理的目标，以结果导向而非过程导向：不要说学习和积累了哪些经验，要看通过学习和积累，提高了多少效率，节省了多少成本。三是明确知识管理责任，建立知识管理的长效机制，时常评估知识管理的有效性，确保知识得以沉淀，提高时效性。

三、鼓励员工再学习和自我提高

如果只是为员工提供再学习的平台，却完全没有制定相关的激励和考核制度，就会削减员工的学习效果。为了鼓励员工再学习和持续提高，可采取奖罚分明的激励措施。在激励层面，可以将学习成果作为衡量员工绩效的重要指标，并给予物质奖励；将学习成果作为提拔任用的重要考量；将学习成果作为公开褒奖、表彰的重要参照等。在考核员工学习成果时，要做到程序化、标准化，不能只是走过场。

四、将培训作为一种学习形式

可以与专业的培训机构合作，建立高效运作的企业大学。与专业的培训机构合作，培训的针对性才能提高，可以在短期内完成特定主题的授课计划并带领员工进行高效率、高强度学习。外部师资通常具备更前沿的观点、更系统的理论和实践经验、更好的授课技巧，更多样的授课模式，更有利于员工学习质量的提高。

五、加强责任感，不断提高自我

管理者要撕掉"草莽式成长"的标签，将自身定义为学习型、谋略型、远见型的团队领袖，主动学习新的趋势、新的技术、新的理念、新的模式，积极分享学习心得，将"学而优则仕，不学则殆"的理念传达给员工。管理者可以通过各类学习型平台，不断学习知识，加强自身修炼。

企业作为商业载体，主要目标是获得盈利和实现长期发展。企业搭建学习平台，为员工提供学习机会，直接受益者是员工自身。企业作为学习平台的提供者和学习平台的间接获益者，需要帮助员工树立正确的价值观，让员工意识到积极学习和提升自我的意义，以积极的态度投入到工作和学习中，在学习中进步，在工作中成就，完成自我价值和企业价值的双实现。

Part 10　危机管理：
正确应对危机，保障团队顺利运作

用良好的态度与对方沟通，不要将事态扩大

面对危机，民众和媒体心中都有一杆秤，即企业应该怎样处理，我才会感到满意。大多数时候企业不宜选择回避，态度至关重要。

2018 年，Facebook 发生"泄露用户数据"事件，在欧美等国家闹得沸沸扬扬，把扎克伯格推上了舆论的风口浪尖。西方媒体形容，Facebook 将面临"灭顶之灾"；而其创始人扎克伯格应对危机行动迟缓的态度，让民众很生气。

下面我们就根据主流媒体的报道，对这起事件的基本情况做一个梳理：

2018 年 3 月 17 日有媒体报道，一家名为"剑桥分析"的英国公司，在未经用户许可的情况下，违规从 Facebook 上获取 5 千万名用户的个人信息数据。两天后，该公司的工作人员在英国媒体"第四频道"曝光的暗访视频里宣称，该公司曾为英国脱欧推波助澜，还涉嫌不法交易。

整个事情源起于剑桥大学心理学教授科根数年前研发的一款心理测试小程序，它要求并奖励用户授权该程序获得自己的 Facebook 资料及好友信息。该应用寄生在 Facebook 平台上运行，通过 27 万 Facebook 用户，以滚雪球的方式得到了 Facebook 5 千万名美国用户的资料，并私自将数据卖给了"剑桥分析"。

受数据泄露事件影响，2018 年 3 月 19 日，Facebook 股价出现了五年

来最大单日跌幅 6.8%，次日再跌 2.56%，抹平了该公司本年度的全部涨幅，仅仅两日 Facebook 市值蒸发了 500 亿美元。

20 日，美国国会议员、欧洲议会和英国议会纷纷要求 Facebook 平台 CEO 扎克伯格到场，就用户数据泄露事件作出解释。可是，扎克伯格反应迟缓，忽视了危机公关。

Facebook"泄露用户数据"事件的真相，打击了投资者对美国股市的信心，还拖累了美国高科技产业。这一事件在欧美掀起狂风大浪，直到 3 月 21 日，扎克伯格才对这件事作出回应，承认公司在保护用户数据方面犯了错误，并承诺将采取措施应对。扎克伯格发布道歉声明后，社交平台上出现了一些批评，认为他的道歉没有诚意。

很多企业在面临危机时，第一反应就是还自己一个清白。可是，急于撇清干系，只能给市场留下不负责任的印象。品牌与公众认知紧密联系在一起，跟证明孰是孰非并没有联系，这是企业处理危机时必须牢记的一个重要原则。

危机时期，如何表明自己是一个有高度责任感的品牌，才是企业应该认真思考的问题。

危机发生后，公众一般会关心两个问题。一是利益问题，利益是公众关注的焦点，无论谁是谁非，企业都应该承担相应的责任。即使受害者在事故中有一定的责任，企业也不能首先追究其责任，如固执己见，只会加深矛盾，引起公众的反感，不利于问题的解决。另一个是感情问题，公众很在意企业是否在意自己的感受，企业应该站在受害者的立场上表示同情和安慰，并通过新闻媒介向公众致歉，解决深层次的问题，赢得公众的理解和信任。

当企业处于危机漩涡中时，企业是公众和媒介的焦点，领导或管理者的一举一动都将受到质疑，千万不要存有侥幸心理，企图蒙混过关，应主动与新闻媒介联系，尽快与公众沟通，说明事实真相，促使双方互相理解，消除疑虑与不安。

真诚沟通是处理危机的基本原则之一，只要做到诚意、诚恳和诚实，一切问题都会迎刃而解。

1. 诚意

在事件发生后，应第一时间向公众说明情况，并致以歉意，体现企业勇于承担责任、对消费者负责的企业文化，赢得消费者的同情和理解。

2. 诚恳

一切以消费者的利益为重，不要回避问题和错误，要诚恳地与媒体和公众沟通，向消费者说明危机处理的进展情况，争取重获消费者的信任和尊重。

3. 诚实

诚实是危机处理最关键、最有效的解决办法，人们可以原谅一个人的错误，但不能原谅一个人说谎。因此，向公众披露事件进展，要诚实，不要撒谎。谎报、瞒报，只能增加人们的不满，产生更加恶劣的影响。

在第一时间、第一地点与对方达成谅解

危机都是突发性的，企业发生危机后，相关领导和部门应在第一时间内采取措施，及时处理，力挽狂澜。只有采取有针对性、超常规、强有力的措施控制事态蔓延，才能快速解除危机，把损失降到最低，重塑公司形象。

当某一事件被关注时，公众的尺度往往会比平时更为严苛，所以解决危机时，只有采取比平时更为严格、迅速、有力的措施，才可能赢得公众的信任，昭示自己的诚意。

日本东京东武百货公司曾将一台只能用于展示的索尼CD样品卖给了美国记者基泰丝。发现这一失误后，东武百货凭借一张"美国快递公司"名片，先后打了35个紧急电话，才找到基泰丝，给出令人满意的处理结果。

原本基泰丝收到商品后很生气，写了一篇《笑脸背后的真面目》的批评稿，准备兴师问罪。但当她收到东武百货的处理结果后，很感动，便重新写了一篇题为《三十五次紧急电话》的特稿，发表在社交媒体上，结果引起了广泛的社会回响，东武百货公司声名鹊起，订单络绎不绝。

对于很多人来说，这也许是一件再平常不过的小事情，但东武百货却像对待一场生死之战般进行处理。

现实中，很多企业面对危机时不以为然，认为消费者一旦寻上门来，自有办法将其打发；有些管理者甚至还会怀抱"摆平"的心理，以不义之举应对危机。殊不知，轻慢和自高自大只会加剧危机，给自身招来更严重的打击。

2004年，中国消费者诉讼雀巢转基因食品，雀巢公司却没有与媒体进行有效沟通，也没有通过任何形式发布只言片语，只是一味沉默，任凭媒体猜测，致使危机朝着不可预知、难以控制的方向发展。舆论的批判由原先的问题奶粉上升到了对整个雀巢公司运营体系的批判，甚至还涉及商业道德、双重标准和歧视性经营等重大问题。

好事不出门，坏事传千里！在危机出现最初的12~24小时内，消息会像病毒一样以裂变方式高速传播。这时，可靠的消息往往不多，到处都充斥着谣言和猜测，公司的一举一动都会成为外界评判公司如何处理这次危机的主要根据。媒体、公众及政府都密切关注着公司发出的第一份声明。对于公司在处理危机方面的做法和立场，不管舆论方向好坏，往往都会立刻见于传媒报道，影响事件的走向，影响危机的处理结果。

2014年，致癌牙膏事件刚开始发生时，高露洁也没有就负面报道进行积极应对，只是一味保持沉默。直到事件愈演愈烈，超出了预想的程度，才开始打破沉默，主动找媒体沟通，召开新闻发布会，广泛发布高露洁的产品并不致癌的消息，以期消除消费者的怀疑。

发生危机后，很多企业都会习惯性地采取"拖"字诀，寄希望于时间将事件淡化，让危机在沉默灭消亡。孰不料，危机却总在沉默中爆发。危机发生后的48~72个小时是企业披露危机事实并制订解决方案的最好时机，超过这个时限，危机就有可能失控。所以，越早沟通，越有利于企业抢占信息传播的先机。记住，危机发生后，能否首先控制住事态，使其不扩大、不升级、不蔓延，是处理危机的关键。

美国苹果公司的手机产品iPhone6和iPhone6 Plus在多个国家和地区销售，"果粉"们很快就发现了一个问题。一些人抱怨，穿着紧身牛仔裤，习惯性地把iPhone6 Plus放入裤子后袋，却发现这款超薄手机非常容易折弯。这起事件被称为"弯曲门"，并迅速传遍互联网，相关视频在短短几天内便收获了600多万次的点击量。

"弯曲门"视频出现在社交网站上，迅速吸了引广大"果粉"的目光。苹果公司没有及时作出回应，竞争对手却抓住了机会，如加拿大黑莓公司首席执行官约翰·陈邀请手机用户"试试能不能掰弯我们的Passport

手机"。

在这段空白期中,竞争对手抓住机会宣传自己,对苹果公司产生了不利影响。

速度是危机公关中的第一原则!发生公关危机时,反应速度要比救火的速度更快,因为这比大火烧毁厂房更危险,更能吞噬企业品牌的信誉。苹果公司的处理速度有些慢,在事件发生的 2 天之后才作出回应,没有引起重视或缺乏危机处理经验,让它错过了最佳处理时机,导致事件不断扩大与蔓延,给对手留下了可乘之机。

所谓"千里之堤,溃于蚁穴",一时的不察可能会引发恶劣影响,甚至会发展到不可收拾、完全失控的地步。正确的做法是,发生公关危机时,不管事件大小,都要高度重视,要站在战略的角度,谨慎对待,及时追踪产品出现的问题,有效挽回消费者对产品的信心。

满足媒体的要求,召开记者招待会

社交媒体时代进入了发展热潮,媒体、网络也成为最重要的危机扩散平台,在新媒体和网络媒体的推动下,每一次企业危机都有可能在一夜之间蔓延,给企业造成重大损失。因此,企业应充分利用这一资源,在网络危机公关中胜出。对媒体及公众的质问不作过多言辞的解释,让权威部门为自己说话,有了证据之后再主动联系媒体,让媒体为自己说话,必要的时候再让消费者为自己说话。

一、召开记者招待会

危机发生后，为了应对外界的言论，必要时可召开记者招待会，抓住事情的主动权。

1. 做足准备

做好发布会的策划准备工作，对于公众关心的问题要考虑周全。预先设计记者可能会有提出的问题，最好的方式就是换位思考，站在记者的立场上想问题、提问题。此外，记者招待会前的预演彩排是非常有必要的。

新闻发言人应做到以下几点：

（1）清楚表明公司的立场；

（2）准确清晰地对事件进行陈述；

（3）机智应对记者的穷追猛打；

（4）出现尖锐问题时，避免陷入无法招架的局面；

（5）引导现场气氛，借助媒体，将危机引导到有利于企业的方向。

2. 注意一些内容

召开记者招待会时，要注意以下几点：

（1）不要按照自己的好恶选择媒体，要广泛邀请各大新闻媒体的代表参加。虽然企业可能会与一些媒体关系不错，但也不能将不喜欢的媒体排斥在外，否则只能导致该媒体与企业的交恶，对企业不利的信息就很容易流出。

（2）以传真/信函等形式提前通知媒体。正常情况下，给媒体发邀请函时，应简明扼要地说明记者招待会的主旨、涉及事项、日期、时间和地点。

（3）提早及持续追踪记者出席与否。新闻记者的"缺席"是常事，因此，为了获得较为准确的出席人数，最好与他们保持联系。

（4）将记者招待会安排在上午的后半段。新闻记者上班时间一般都比较晚,下班时间也比较晚。通常,下午是他们的截稿压力最大的时候,因此上午11:00到中午是召开记者招待会的最佳时段。

(5)提前向记者说明招待会的安排。在记者招待会刚开始时,要告诉记者招待会的提问安排,避免人们不定时地进出或提早离开。

(6)招待会开始之前,将新闻记者和发言人隔离。如果将记者和发言人安排在一起,可能会让某些媒体提前获取重要信息。因此,应该让所有的新闻记者都在平等的位置上面对发言人。

二、正确对待媒体

对媒体的认识决定了对媒体的态度。跟媒体沟通时,应当态度坦诚、尊重对方,不能简单地将媒体视为毒蛇猛兽,将其拒之门外。

1. 尊重媒体

媒体是舆论的传播者,要想影响受众,必须先争取媒体的理解。对媒体真诚以对,更容易使他们感觉到被"尊重",沟通也会更加有效。危机的恶化,一般都是由于媒体、受众对事实的误解和企业的不透明导致的。不要试图掩盖事实,企业无论犯错与否,都要摆正心态,公开透明,向公众坦诚地解释。以良好的态度接待记者,为他们提供舒适的条件,这对企业是有利的。

2. 让媒体采访

媒体的义务就是报道信息。对媒体来说,新闻是稍纵即逝、竞争激烈的商品,大家都想在第一时间抢得"独家新闻",打败竞争对手。而且,负面新闻传播的非常快,因此一旦企业发生危机,媒体可能会更加关注恶劣的消息。为了树立良好的形象,企业就应该接受媒体的报道,并积极同他们合作,努力控制局面。

拒绝与媒体合作,逃避媒体,并不能够达到企业所期望的效果。媒体需要的是新闻,如果无法从企业方面得到消息,可能就就会从其他渠道打探信息，这样的信息一般都充满着猜测、想象等，信息不真实，对企业也是一种危害。同时，不与媒体合作，媒介对企业的正面报导就会减少，如果负面报道太多，也不利于企业迅速走出危机。

3.不与媒体对着干

不管媒体报道的内容是对是错，都不要执着争论。企业要传达信息，内容应当以向公众传播信心为主，要把企业同公众联系在一起，成为利益相关的共同体。只有这样，公众才会产生共鸣，减少排斥和抵制，信息的传播才能顺利进行。

有时，即使媒体报道的内容是错误的，也不能得理不饶人。记住，企业永远都需要与媒体建立良好的关系，而媒体则不必求着和企业建立良好的关系；企业需要借助媒体向外界传递好的一面，而媒体需要的只是新闻，不管新闻是好是坏。

统一口径，正确处理公关危机

发生公关危机，沟通是最必要的工作之一。首先要与全体员工进行沟通，让大家了解事件的具体细节，配合进行危机公关活动，如保持一致的口径和行为等。要在企业内部迅速统一观点，对危机有清醒认识，稳住阵脚，万众一心。

2003年11月，格力发生内讧事件，就是由于集团内部各子公司言论不一致，引发了事端。子公司随意谈论集团的发展战略，中高层管理者在未得到公司允许的情况下随意接受采访，忽视了公关部门的作用。

要知道，对于外界来说，企业任何人员的发言都可能被媒体和公众视为是企业的发言。

2004年2月，二十多名患者准备联名起诉同仁堂，同仁堂的宣传部门居然说："从来都没有听说过药品出现问题这回事。"记者来公司采访，质检人员、宣传部的工作人员、宣传负责人的言论居然都不一样，这无疑增加了媒体和公众的不信任度。

与之相反的是杜邦的成功案例。

2004年7月，杜邦公司发生"特富龙"不粘锅事件，公共事务部人员积极同媒体接触，引用了杜邦权威人士、技术专家人员的相关解释，体现了杜邦良好的媒体危机公关处理能力。

在危机期间，公众对于公司发表的言论往往会更加关注，并且关心企业要采取何种措施确保危机不再发生。这时候，企业就要保证言行一致，保证言论中关于措施的部分应占到60%左右。危机时期，不要向公众介绍公司产品，因为大家只想知道企业将采取什么行动来解决目前发生的问题。否则，大家就会认为企业没有担当，没有社会责任感。

危机发生时，企业应当成立专门的危机管理小组，统一企业信息发布的渠道和内容，如果企业内部出现多种声音，只能在外界造成更大的猜疑和混乱。不要看到某一个局部环境发生了变化，就随意更改了自己的声音。只有声音持续不断地统一进行宣传，才能产生足够的强度，不受外界干扰并保证信息在传播过程中不失真。

一、CEO出面答疑

公司CEO在公众面前的形象及领导地位是他人无法取代的，其言论更具说服力。研究表明，CEO 的声誉对于公司整体形象的影响高达 48%。当企业发生危机事件时，CEO 应该向公司利益相关方表示关心，努力平息他们的恐慌情绪，确保利益相关各方对危机保持正确的认识。重要的是，CEO 还要团结并鼓舞公司员工的士气，不能坐在后面指挥而让其他管理者冲在前面。

联合碳化物是美国著名的化学公司，在世界化学公司中名列前茅。1984 年 12 月 3 日凌晨，公司所属的印度博帕尔农药厂，有一个装有 45 吨液态剧毒气体的储气罐压力急剧上升，当时没有安排值班人员，自然也就没有人发现这一幕。当压力达到极限的时候，剧毒农药便冲破阀门泄漏出来，化为浓重的烟雾，飘散在人口稠密的博帕尔郊区。短短几天，就有 2800 人因此丧命，52 万多人受到不同程度的伤害，其中 10 多万人落下终生残疾。

噩耗传到公司总部的第二天，公司董事长沃伦·安德森立刻乘飞机到了印度博帕尔。有人问他："死了这么多人，你一定会被逮捕，你难道不怕？为何不立刻逃走！"安德森没有回答，因为他心里最关心的是受灾难影响的人们。

果不其然，安德森被逮捕。被印度官员释放后，记者问了他同样的问题，他也如是说："我最关心的是受到危机影响的人们。"这句话立刻引起了大家的共鸣，该公司也给人们留下了一个关心公众利益、将公众利益放在首位的好印象。

二、与专业公关公司合作

有些企业自身资源有限，处理危机的能力也很有限，为了更好地处理危机，就要借助专业的公关公司。公关公司一般都有着丰富的操作经验和媒体资源，能够在最短的时间内将危机的影响控制住。

现在，很多公司都与专业的公关公司有着密切的合作。对于企业来说，公关公司的优势在于：熟悉不同的行业，熟悉各行业的不同企业，与媒介有更多的沟通，知道该如何与媒体进行有效的沟通。在危机公关中，借助专业公关公司的帮助，不仅能更好地面对媒体，还能借助公关公司对媒体进行监控。

常言道，当局者迷，旁观者清。发生危机事件时，企业内部往往容易一片慌乱，公关公司作为旁观者，能够更冷静地分析环境和公司情况，为企业出谋划策；同时，还能注意到一些企业没有注意到的事情，帮助企业更好地度过危机。

三、安排新闻发言人

发生危机时，不要让企业的每个人都接受媒体采访。多人面对记者的话筒，发出的声音肯定会不一样；如果企业对外界发出不同甚至彼此矛盾的声音，就会失去公众的信任。因此，要设立专门的新闻发言人，让他代表公司去发言；保证公司信息的协调一致，只有发言人才能对媒体发表言论。

当然，因为新闻发言人代表了公司的形象，需要具备足够高的综合素质：（1）在公司中有权威，能代表公司对外讲话；（2）形象好，身体语言出众；（3）有很好的沟通能力、表达能力，反应迅速，善于倾听；（4）有全面的知识结构，并知道危机管理；（5）能够很好地控制自己的情绪，面对外界压力能保持冷静，临危不乱，沉着冷静。

四、鼓励员工积极参与

在危机期间，公司很容易忘记了最重要的利益相关者——员工。各公司一般都会关注外界的看法，而忽略了自己的员工。这是非常危险的。其实，员工对危机的态度不是麻木的，他们有权知道公司发生了什么事情。一旦他们在公司以外的平台上得知危机情况，就会将公司对自己的隐瞒视为一种不信任。同时，员工也是媒体捕捉的目标，不及时跟他们进行沟通，不告诉他们如何应对媒体的提问，他们很可能会发表一些公司不希望听到的言论。

员工也是公司的一员，他们有权利知道公司发生的事情，因为这些事情也跟他们息息相关。因此，企业在发生危机的时候，要将情形告诉员工，对他们表达出足够的尊重；同时，不关心公司的人毕竟是少数，多数员工都会关心公司的发展，也许对员工坦诚问题，他们还可能想出有利于公司解决危机的办法。

塑造信誉，将危机化作机遇

公共关系在危机管理中的作用是保护企业的声誉，这也是危机管理的出发点和归宿。在危机处理过程中，企业必须努力减少危机事件给自己带来的损失，争取获得公众的谅解和信任。

2018年3月31日，一篇名为《震惊！星巴克最大丑闻曝光！我们喝进嘴里的咖啡，竟然都是这种东西…》的文章刷屏，让星巴克突然就迎来了一场公关危机。

为了增加"星巴克咖啡致癌"的可信度，文章作者还专门引用了美国加州洛杉矶法院的一纸裁定，要求星巴克必须在所售咖啡的外包装上标注"有毒"提醒。原因是，市面上出售的星巴克烘焙咖啡中，含有高浓度丙烯酰胺——一种有毒的致癌化学物质。虽然大部分网友仍然将信将疑，但有关"星巴克咖啡致癌"的消息，让负面舆论不绝于耳。

这时候，星巴克的公关发挥了巨大作用。在短短两天的时间内，星巴克就巧妙地将此危机化解，成功打了一场漂亮的自卫反击战。

俗话说，得道多助，失道寡助。企业应视信誉如生命，在危机事件的处理过程中从点滴做起，积极主动地采取各种措施，把握社会舆论的主动权，变不利因素为有利因素，尽快恢复社会声誉。

不得不说，"川航事件"当时才是真正的刷屏无数。

2018年5月14日早上，川航空客驾驶舱风挡玻璃突然破裂并脱落，导致驾驶舱失压，气温迅速降到零下40多度，仪器多数失灵，情况非常紧急。

面对险情，机长以最快、最勇猛的姿态出现，最终在民航各部门配合下，飞机在上午7时42分安全降落在双流机场，保证了所有旅客的安全。在危机处理过程中，机长体现了高超的技术和专业素养，他用过硬的心理素质和机敏的反应速度，拯救了飞机上所有人的生命，包括他自己。

于是，在众人高涨的荷尔蒙中，媒体发出了不同的声音："川航机长民族英雄""英雄机长和妻子相拥而泣""英雄机长同媒体见面""川航，一个神奇的航空公司""川航临危不乱"……随着事件发展，"机长超神"成了人们最为关注的话题，甚至盖过了飞机故障的原因和隐含的管理漏洞。川航对这次事件的危机公关处理，不仅成功避免了全民讨伐的局面，甚至还带来了正面的舆论效果。

一场危险性极高的事故，竟然变成了催泪壮举。川航事件的危机公关，确实很牛！

"取长补短，亡羊补牢，犹未晚矣。"不管是什么样的错误，都应保持着真诚的态度，及时进行自我整改，积极主动地承认错误，这样总会有挽回的余地。

后记

经过半年时间的运作，终于将这本书完成了。收笔的那一刻，我的身心都放松下来，因为写作的过程让我知道，要想将自己心中所想编撰成一本书，是多么的不容易。不管是时间，还是精力，亦或是心力，都会经历一个"放松—紧张—紧绷—放松"的过程。

为了给读者呈现最精髓的内容，我翻遍了各种资料，电脑、手机、书刊……所幸，辛苦没有白费，终于有了成果。

关于管理，不同的人有不同的理解，但我坚持自己的认知：管理，就是简单化！在我们大呼"管理"的今天，虽然管理被炒得很热，但我们却不能因为"热"而将其想得复杂了。

书中的认知和观点，都是我多年经验的总结和积累，只要能给处于迷茫境地的管理者以启示，我就会感到不胜欣慰。

管理之路漫漫无期，要想在这条路上走得好、走得顺，就需要管理者本人下功夫了！

在这里，祝愿各位越走越顺、越走越好！